高职院校大学生创业能力培养研究

李　静　唐鸿铃　著

重庆大学出版社

内容提要

本书首先全面阐述了大学生创业能力的内涵特征、概念和核心要素，归纳了大学生创业能力培养的理论基础，并介绍了大学生创业能力培养的趋势与必要性，通过分析一些国家大学生创业能力培养的现状，得出了一些对大学生创业能力培养发展的有益启示。然后结合相关调查报告和统计数据，以重庆市内3所高职院校的实证分析为样本，分析了高职院校大学生创业的基本现状以及创业能力培养中存在的主要问题。最后，基于现状和问题的分析，针对性地提出高职院校大学生创业能力培养的对策和建议。

图书在版编目(CIP)数据

高职院校大学生创业能力培养研究／李静，唐鸿铃著. -- 重庆：重庆大学出版社，2021.11
ISBN 978-7-5689-1582-3

Ⅰ.①高… Ⅱ.①李…②唐… Ⅲ.①高等职业教育—创业—能力培养—研究 Ⅳ.①G718.5

中国版本图书馆 CIP 数据核字(2019)第 103842 号

高职院校大学生创业能力培养研究

李 静 唐鸿铃 著
策划编辑：周 立
特约编辑：明黎娟
责任编辑：陈 力　版式设计：周 立
责任校对：谢 芳　责任印制：张 策

*

重庆大学出版社出版发行
出版人：饶帮华
社址：重庆市沙坪坝区大学城西路21号
邮编：401331
电话：(023) 88617190　88617185(中小学)
传真：(023) 88617186　88617166
网址：http://www.cqup.com.cn
邮箱：fxk@cqup.com.cn(营销中心)
全国新华书店经销
POD：重庆新生代彩印技术有限公司

*

开本：890mm×1240mm　1/32　印张：7.25　字数：177千
2021 年 11 月第 1 版　2021 年 11 月第 1 次印刷
印数：1—600
ISBN 978-7-5689-1582-3　定价：68.00 元

近年来,党中央、国务院高度重视高校毕业生就业创业工作,提倡和鼓励大学生创业。习近平总书记在党的十八大报告中提出,引导劳动者转变就业观念,鼓励多渠道多形式就业,促进创业带动就业。李克强总理在 2018 年政府工作报告中强调着力促进就业创业,支持以创业带动就业。"大众创业、万众创新"理念不仅是一句响亮的口号,更是推动中国经济长期持续发展的巨大推动力。

大量事实证明,高职院校大学生创业能力的高低,不仅反映出教育的改革实效,而且影响到国家经济社会的可持续发展和现代化的实现,关系到全面建成小康社会的兴衰成败,更关系到中华民族伟大复兴的基础。然而,目前我国高职院校大学生创业能力的培养和发展还很不成熟,在个人、家庭、高校、社会环境等诸多方面存在一定的问题。

本书由重庆城市管理职业学院李静和唐鸿铃编写。作为教育工作者,笔者在对政府高度重视大学生创新创业工作而深受鼓舞的同时,更感责任重大,如何培养高职院校大学生的创业能力是教育工作者的紧迫任务。

　　本书从高职院校创业教育面临的问题入手,运用国内外相关研究成果,界定了大学生创业能力的基本概念,丰富了大学生创业能力培养的内涵,着重从高职女大学生的视角出发,较为系统地分析了女大学生创业能力培养的背景、现状和影响因素及对策。笔者编著本书的目的就是要更加深入研究高职业院校大学生在创业能力方面的培养,使其通过高职院校开展的创业能力培养,具有一定的生存能力、竞争能力、创新能力和创业能力,使其成为时代所需的复合型人才。这不仅可以大大缓解高职院校毕业生就业的巨大社会压力,也可以成为我国高职院校人才培养体制创新,走向科学持续发展道路的一个突破口。通过探讨高职院校大学生创业能力培养的相关问题,为高职院校的创业教育提供可借鉴的教学模式与教育体系,为国家培养更多具有创业能力的人才。

编者
2021 年 1 月

目 录

第一章

绪 论

第一节 研究背景

当今,是创新驱动引领的时代,社会经济发展已进入新常态。从 1999 年起,我国高等院校连续扩大招生规模,高等教育发展进入一个新阶段。据有关统计,2001 年我国高校毕业生人数仅为 107 万人,2002 年为 145 万人,2003 年为 212 万人,2004 年为 280 万人,2005 年达 338 万人,2009 年达 611 万人,2010 年为 675 万人,2015 年为 749 万人,2017 年为 795 万人,2018 年为 820 万人,2019 年为 834 万人,2020 年为 874 万人,2021 年为 909 万人,整体呈上涨趋势,这一跨越式发展,使我国高等教育历史性地步入了大众教育阶段。伴随着这一巨大成就,高校毕业生人数不断攀高,就业形势越来越严峻。

在当前经济转型、产业升级背景下,必然有更多人员被"挤"出原有岗位,供给数量庞大的大学毕业生将与这部分人员争夺有限的就业资源,就业岗位的供需矛盾将更加突出。从表面看,高校毕业生就业难的问题,是由高校过度扩招导致,大学毕业生供给人数急剧增长,就业岗位供应赶不上,从而使得相当部分大学生无法就业。通过与国外高校比较,我们会发现其中一个重要的原因是我国大学生的创业意识淡薄、创业能力不足,自主创业的比例过低。毕业生单纯通过"等、靠、要"的方式被动解决就业问题越来越不现实。因为毕业生一旦进入社会,就面临着生存的挑战,如果大学生自身不具备生存的能力,也就难以自己独立生活,更谈不上施展自己的理想与抱负。因此,对学生进行创业教育,使之具备生存能力、创业能力,不仅对学生自身还是对社会都有着巨大而深远的意义。

发达国家的经验表明,创业能够有效带动就业,创业的人越多,就业的机会也就越多。大学生属于高端人力资源,如果能充分发挥作用,理应可以带动就业,而非"等待"就业。近年来,在培养学生创业能力方面,国际高等教育界已经认识到了创业能力对一名学生立足社会的重要性。高校大学生通过自身创业实现就业,不但能够促进当地经济的发展,还能帮助校友就业。早在1998年,在首届世界高等教育会议上,国外的众多高校就达成一致,认为应将培养学生具有创业能力作为日常教学内容。所以,把培养学生的创业能力作为高职院校教学改革的一个重要内容来建设,对高职学生在校园里面就能够形成创业的意识、具备一定的创业能力、具备良好的创业素质有着很大的积极作用。

我国党中央、国务院高度重视高校毕业生的就业创业工作,提倡和鼓励大学生创业。胡锦涛同志在党的十七大报告中指出,实施扩大就业的发展战略,促进以创业带动就业。教育部在2010年5月发布的《关于大力推进高等学校创新创业教育和大学生自主创业工作的意见》中强调,大学生是最具有创新、创业潜力的群体之一。积极鼓励高校学生自主创业,是落实以创业带动就业,促进高校毕业生充分就业的重要措施。2015年两会期间,李克强总理提出"大众创业、万众创新"理念,这既是提高经济发展质量的迫切需要,也是解决大学生就业困难的一种非常有效的手段。党的十八大报告提出:"引导劳动者转变就业观念,鼓励多渠道多形式就业,促进创业带动就业。"

目前,大学生就业难的问题引起了社会和家庭的极大关注,提倡和鼓励大学生创业成为解决就业难问题的重要突破口,大学生创业教育正在成为我国高等教育的重要组成部分,积极培养大学生的创业能力已成为我国高等教育的一个重点和难点,同时加强大学生创业能力培养方面的研究意义深远。

第二节　研究意义

创业能力培养不仅是大学生创业教育的关键部分,同时也是大学生素质教育的重要部分,在高职院校开展创业教育,培养学生创业能力,虽然是教学上的一个新的领域,却是符合时代发展、高职院校改革发展的必然趋势。社会发展需要的人才不仅仅是单纯的求职者,更应该是创业者。对于高职院校而言,挖掘学生身上的潜力,培养学生的创业能力,让有志于创业的大学生能够打破习惯领域,勇敢地开拓自己的人生道路,推动国家经济飞速发展。因此,培养大学生创业能力,具有十分重要的经济意义和现实意义。

如今已是知识经济时代,我国高等教育也进入了大众化的阶段。我国于1999年在《面向21世纪教育振兴行动计划》中首次提出了创业教育理念,至此我国学者开始了大学生创业教育及大学生创业能力培养的探究。到 2013 年,经过短短十多年的研究,关于大学生创业教育及大学生创业能力的研究取得了比较丰硕的成果。从 1999 年首届"挑战杯"全国大学生创业计划大赛的举行到 2002 年全国 9 所院校开展创业教育试点工作,再到 2013 年大学创业园的蓬勃兴起、创业孵化基地的大力建设,充分表明国家、高校高度重视大学生创业教育及创业能力培养。然而,近年来大学生就业难的现象愈演愈烈,解决大学生就业难问题的根本出路唯有大力发展创业教育,其中培养大学生的创业能力是内核。对大学生进行创业能力培养,是与时俱进、与国际接轨的教育,对促进我国高等教育和社会经济健康发展以及社会主义和谐社会构建起着巨大的作用。因此,本研究具有重要的理论意义和实践意义。

一、大学生创业能力培养的理论意义

(一)丰富了马克思的劳动价值论和人的全面发展理论

大学生创业能力培养的理论基础是马克思的劳动价值论和人的全面发展理论。马克思的劳动价值论中明确提出:"劳动力的价值,是由生产、发展、维持和延续劳动力所需的生活必需品的价值决定的。它包括 3 个部分:①维持劳动者本人生存所必需的生活资料的价值;②为维持劳动者家属的生存所必需的生活资料的价值;③劳动者接受教育和训练所支出的费用[①]。"其中的第三部分就包含着劳动者即大学生创业能力培养所需的费用支出。另外,"劳动是价值的唯一源泉,是劳动价值论的根本命题[②]。"在

① 编写组.马克思主义基本原理概论[M].北京:高等教育出版社,2007.
② 谢杉.马克思劳动价值论及其对软件产品价格研究的启示[J].价格月刊,2007(4):3-5.

马克思劳动价值论中,劳动和劳动者都得到了充分的尊重。同样,像尊重其他行业的劳动一样,我们应该尊重创业。人的发展是指"社会中的'每个人'的发展,包括人的体力、智力、个性和交往能力的发展等。可以从全面、自由和充分发展三方面来衡量人的发展。全面发展是从广泛性上看人的发展,是指人的各方面能力的协调发展。自由发展是从自主性上看人的发展,是指人自觉自愿地发展自己的能力,施展自己的力量。充分发展是从程度上看人的发展,是指人的才能和能力总是趋向于更高的层次,没有终点"。

　　培养大学生创业能力的目的,就是要求我们所培养的人才必须是具有创造性和想象力,具有创业精神和开拓能力,具有很强的自立意识和高度自主性的人,它将极大地调动人的能动性和创造性,激发人的自觉性、自主性。所以,培养大学生创业能力与马克思的人的全面发展理论是相一致的。马克思的劳动价值论和人的全面发展理论是培养大学生创业能力的理论基础,因此,在对这一问题进行研究的同时也丰富了马克思主义的理论。

(二)充实了我国高等教育理论研究的重要内容

　　大学生创业能力培养是我国创业教育理论层面研究的关键部分,同时还是研究的薄弱之处,进一步加强对大学生创业能力培养问题的研究,是理论研究紧跟时代的需求,也是人们观念不断进步的需要。创业能力培养的理论,将为今后大学生创业实践和高校以及政府部门等社会各界的正确决策提供理论依据,为大学生素质教育和创新教育的具体实施提供行之有效的途径。

(三)完善了我国大学生创业教育理论体系

　　大学生创业能力培养是高校创业教育理论研究中的重要部分,对这一部分做深入研究,不仅能满足大学生发展的需要,而且能够充实高校教育思想观念,丰富创业教育理论,还可为今后大学生创业实践和高校相关部门的正确决策提供依据,为高职院校大学生创业教育的具体实施提供一种有效的对策。

二、实践意义

(一)培养大学生的创业能力,是适应市场经济发展的需要

随着中国特色社会主义市场经济的发展,一方面,人们的各种需求日益增长,要求社会中越来越多的人去创业,不断开拓新的事业;另一方面,市场经济的发展也提供了各种各样的机会,人们纷纷开始创业,通过把握机会来实现自己的理想。因此,社会上形成了一种鼓励创业的氛围。

(二)培养大学生的创业能力,是缓解就业压力的需要

随着我国高校学生人数的不断增长,大学生的就业形势日益严峻,就业难度逐渐增加。大学生创业在一定程度上可以增加就业岗位,缓解就业的压力。因此,提高大学生的创业能力,是缓解就业压力、促进社会和谐的重要内容。

(三)培养大学生的创业能力培养,是我国高等教育改革发展的需要

近20年来,我国的高等教育发展迅猛,许多高校实行扩招政策。早在2006年,我国的高等教育就已经进入了国际公认的大众化发展阶段。目前,我国已经成为高等教育规模最大的国家。在这种情况下,对我国高等教育进行改革势在必行。而要改革我国高等教育的发展方式,提升教学质量,首先要根据经济社会发展的需要,重新确立人才培养目标和模式,实施创业教育,而创业教育的核心内容就是培养大学生的创业能力。这对促进高等教育科学发展、深化教育教学改革,提高人才培养质量具有重大的现实意义和长远的战略意义。

第三节 国内外相关研究成果

一、国外相关研究成果

　　创业教育的理论研究在欧美国家发展较早,美国是最早进行创业教育和创业教育理论研究的国家。从学术角度看,目前仅美国就至少有44种与创业相关的英语学术期刊,而专注于创业教育领域的《创业教育杂志》也于1997年创刊。杰弗里·A.蒂蒙斯(Jeffry A. Timmons)教授是美国从事创业学教育的领袖人物,他在创业管理、新企业创建、创业融资、风险投资、创新性课程开发等方面进行了系统研究,并在百森商学院全面推行。他强调以具有前瞻性的教育理念来开展创业教育,以系统的课程设计来培养学生的创业能力,注重"以问题为中心"和大量案例分析。

　　关于创业教育,文献普遍论述了创业教育的重要性和必要性,各个创业教育学者从创业教育的理念内涵、创业教育的模式、创业教育课程设置、创业教育的师资等方面进行了研究。[①]

　　研究者们对创业教育的内涵展开了大量的研究。Colin 和Jack 认为,创业教育就是通过培养创业意识、创业思维和创业技能等,进而提升创业能力。Carolyn Brown 认为创业教育能够帮助受教育者认识机遇,整合投资资源,自己创造商机,它倾向于创造

---

　　① 任路瑶,杨增雄.创业教育:第三本教育护照——国外创业教育研究综述[J].教育学术月刊,2010(11):17-20.

和把握新的商业因素。①

在创业教育的模式上，Jean-Pierre Béchard 等认为，创业教育就是把知识教育和技能培训相融合，通过参加活动、获得体验和磨炼意志，培养学生的创业能力。Bertrand 提出了创业教育的"经典模式"，他认为创业教育应发挥其社会性和经济性的功能，创业教育应该系统化，创业教育的内容应易理解，创业教育模式应因人而异。

McMullan 认为创业课程应该"以专门的创业课程为主，辅以相关基础课、专业课，实现各学科知识相互融合。同时包括创业意识、创业能力、创业知识结构和创业实务操作等多个层面的内容，形成完整的创业知识课程体系"。② Solomon 推广多学科教学，课程包括管理学、财务会计和营业相关的市场营销等，教育学生学会如何合法经营、培育企业文化和应对市场环境的变化。

在美国等西方发达国家，大学生自主创业非常普遍，很多全球知名企业最初都是由大学生自主创办的，例如微软、苹果等。

创业教育的实践先于理论的提出，创业管理学者们在高校开设的课程，被认为是美国大学创业教育的开端。随着创业研究性期刊《创业历史探索》的出版，一些关注创业的学术期刊，如《创业理论与实践》《企业创业杂志》等也应运而生，创业教育研究得到了快速发展。进入 21 世纪，美国社会对创业方面研究的焦点体现在一些创业教育项目上，如《创业者》《成功》等杂志进行的创业排名，直接成为衡量各高校创业教育成果的标准。除了美国之外，创业教育的研究在欧洲也出现增长态势。早在 1983 年英国

---

① Carolyn Brown. Entrepreneurial Education Teaching Guide [EB/OL]. 2000[2012, 08,26].

② 任路瑶,杨增雄.创业教育:第三本教育护照——国外创业教育研究综述[J].教育学术月刊,2010(11):17-20.

就启动了青年创业计划,1999 年又组建了青年创业国际计划（YBI),除了对青年大学生创业给予足够的关注外,英国高校还鼓励教师创业。

培养学生的创业能力,开展创业教育在国外一些发达国家早已开始,并在很短的时间内风靡全球,被多个国家的教育界所推崇。美国是最早在学校中培养学生创业能力的国家,始于 20 世纪 60 年代末,杰弗里·蒂蒙斯教授是美国最早开始创业学教育的研究者,他认为,在 20 世纪的最后 20 年中,创业者们和创新者们已经彻底改变了美国和整个世界的经济。①

在美国,如何培养学生的创业能力已经形成了一个相当完备的体系,对美国经济的快速发展起到了不可估量的推动作用。英国自 1981 年起实施了"企业创办计划""小工厂计划"等一系列项目。20 世纪 90 年代以来的法国,在一些地区已经开展了诸如"在中学里办企业""教中学生办企业"等多项活动。澳大利亚以及亚太地区近年来也十分注重培养学生的创业能力,开展相关的创业教育,许多国家已经将对学生创业能力的培养融入普通教育中。世界经济合作和发展组织的专家柯林·博尔,也是创业能力培养教育的首倡者,他在向经济合作与发展组织的教育研究与变革中心提交的一篇论文中提出,未来的人都应掌握 3 本"教育护照",一本是学术性的,一本是职业性的,第三本是证明一个人的事业心和开拓技能的,即创业能力问题。如果一个人缺乏事业心和开拓能力,学术和职业方面的能力就不能发挥,甚至变得没有意义。联合国教科文组织要求把创业能力教育护照提高到目前学术性和职业性教育护照所享有的同等地位。1998 年首届世界高等教

---

① 卢卓,王华,王贵兰.基于校企合作的高职创业教育实现途径的研究与实践[J].清远职业技术学院学报,2009,2(5):74-77.

育会议发表的《高等教育改革和发展的优先行动框架》强调："高等教育必须将创业技能和创业精神作为基本目标,以使高校毕业生不仅仅是求职者,而首先是工作岗位的创造者。"①正是基于这样的认识,国外高校把培养学生创业能力的教育放在了高等教育体系中很重要的位置上。其研究成果主要涉及 3 个方面。

1. 培养创业能力的课程研究

为满足创业教育的需求从而更加有效地提高学生的创业能力,国外的很多院校都开发了自己的创业课程体系,李时椿在《大学生创业与高等院校创业教育》中介绍得十分详细,自 1967 年美国百森学院为研究生开设了第一门创业能力教育课程,到现在,美国的创业能力教育已经形成了一个相当完备的体系。据统计,1994 年美国共有超过 1200 万名学生在参加创业或小企业方面的课程学习,到 1995 年,开设创业课程的美国大学已经超过 400 所,其中超过 50 所大学开设了至少 4 门创业方面的课程,使之成为一个创业教育项目(Entrepreneurship-program),并作为大学教育(尤其是 MBA 教育)的重要组成部分。目前几乎所有参加美国大学排名的大学均已经开设了创业课程。在哈佛大学商学院,《管理学》是一门必修课程,学院自从重视创业教育后,将《管理学》易名为《创业精神管理学》。在加州大学洛杉矶分校,与创业相关的课程高达 24 门。斯坦福大学有关创业的课程共 17 门,90% 的学生至少上过一门创业方面的课程。美国商校课程改革,使创业教育为美国成为创业型知识经济社会作出了巨大贡献。日本高校于 1994 年创设的"综合学科"的课程结构由必修科目、选修科目和自由科目组成,其中《产业社会与人》作为学生的必修创业课

---

① 盛春辉. 论创业教育在高等教育中的定位[J]. 吉林省教育学院学报,2006(6):45-46.

程,该课程的教学目的在于让学生探求自己的生活方式,建立未来服务社会的构想,培养学生决定创业选择时所必备的能力和态度,以及将来的职业生活所必备的态度和交际能力,培养学生立足于社会、奉献于社会的精神。澳大利亚政府近年来开发出4套模块化课程,即综合性概述类教材、工业类教材、商业发展类教材和远程类教育类教材,其中不仅包括学生自己管理的内容,还有如何管理他人的内容,其目的就是对创业者和经营者个人素质进行评估、开发和培训,并且要求学生按照兴趣选取 30 ~ 200 学时。[①]泰国在语文课、数学课、生活经验课、就业指导等课程中,都强调培养学生的创业能力,要求他们将学校学到的东西运用到实际生活中去,解决实际问题,从而过上更好的生活。

2. 培养具备创业能力的师资发展研究

对人才的培养只有通过教师才能实现,因此教师在培养学生创业能力方面起着重要的桥梁作用,朱荣贵在《国内外创业教育经验的启迪》中提到,澳大利亚 TAFE(技术与继续教育)的培训体系中的教师专兼比为 4∶6,其中绝大多数教师是具有高等教育背景的小企业家,他们具备理论和实践知识,懂得如何通过自己的努力去创办自己的公司或工厂。美国创业教育涉及面十分广泛,十分重视对教师的要求,为了培养学生的创业能力,美国不少高校要求各个任课教师在教学时应体现创业思想,同时还对教师进行创业教育培训,这种培训表现在:首先,教师参加创业模仿活动,获得创业体验;其次,对教师进行培训,使之能够了解有关创业教育教学知识;再次,召开讨论会,互相交流创业教育经验,从而提高教师的创业教育教学水平;最后对学生进行创业教学。当前,德国在创业师资配备上面也作了积极的努力,已经在全国 12

---

① 李时椿. 大学生创业与高等院校创业教育[M]. 北京:国防工业出版社,2004

所大学中设立了创业学首席教授的职位。

3.培养创业能力的外部环境研究

创业能力的培养不是一朝一夕的事情,是主体与环境长期互动的过程,它不但需要学生不断学习与实践,更需要社会及学校提供良好的环境。在美国,1983年奥斯汀得州大学就举办了首届大学生创业竞赛。美国的麻省理工学院、斯坦福大学等十几所高校每年举办这一竞赛。实际上,雅虎、Excite、Netscape等公司就是在斯坦福大学校园的创业氛围中诞生的。据统计,美国表现最优秀的50家高新技术公司,有46%出于麻省理工学院的创业计划大赛。从创业环境中可以孵化出一些新兴的企业,但是更为重要的是,这种竞赛活动实质上就是对学生进行创业教育最好的形式,这样可以更便于学生以后进入社会开始自主创业。印度也非常重视创业教育环境的营造,印度政府在1986年颁布的《国家教育政策》中就提出了明确的要求。印度科技部于1982年成立了国家科技创业人才开发委员会,实施科技创业人才开发计划。其目的是为大学生提供与企业家、银行家以及研发专家交流的机会,使大学生接受创业意识的熏陶,播下创业的种子。[①] 在德国,1998年德国大学校长会议和全德雇主协会联合发起"独立精神"的倡议,呼吁在全国范围内创造一个有利于高校毕业生独立创业的环境。在日本,1998年国会就通过了《大学技术转移促进法》,并在高等学校倡导创业教育。[②]

好的创业政策,可以营造出好的创业环境,以帮助和鼓励更多的人去创业,去发现创业机会和认识创业,因此政府在这方面

① 柴旭东.中国、美国和印度三国大学创业教育比较[J].高等教育管理,2009(1):85-92.

② 李新仓,杨晓非.国外高校创业教育实践及对我国的启示[J].教育探索,2008(9):138-139.

起了非常重要的作用。凯尼(1999)把创业政策集中在新企业的出现及增长上,他认为创业政策应该包括:①创业共识;②税收和规制环境;③资金的获取;④创业教育;⑤知识资本。阿奇·佐尔坦(2001)从创业社会的4个层面,即个人层面、企业层面、经济层面和社会层面,给出与其相对应的4类创业政策,即从个人层面的就业选择政策、从企业层面的可行政策、从经济层面的支持政策以及从社会层面的社会政策。他认为,创业社会的核心目标在于以更高的效率进行创业、连续创新、加快经济增长以及促进社会公平。① 在国外,大学生创业领域的研究较丰富,创业能力培养的文献研究普遍论述了创业能力培养的重要性和必要性。国外大学生创业能力培养起步较早,发展迅速,各国从政府到社会、高校、家庭、传媒等都给予了积极的鼓励和支持,学术界涌现了大量的关于创业教育的研究成果。

二、国内相关研究成果

(一)国内大学生创业相关研究成果

我国高等院校在培养学生创业能力方面起步较晚,开始于20世纪90年代初期,主要集中在教育学界。培养学生创业能力的一个重要方式就是实施创业教育,创业教育最早由联合国教科文组织于1989年在北京召开的"面向21世纪教育国际研讨会"上提出。所谓创业教育,是开发和提高学生创业基本素质的教育,是一种培养学生的事业心、进取心、开拓精神、创新精神,其重点在于培养学生具备社会所需要的创业能力的教育。

1990年,中国作为"提高青少年创业能力的教育联合革新项

---

① 高建,盖罗它.国外创业政策的理论研究综述[J].国外社会科学,2007(1):70-74.

目"国家,由国家教育委员会基础教育司劳技处牵头,成立了该项目的国家协调组进行创业教育,培养学生创业能力的实验和研究。自1995年彭钢主编的我国第一部创业教育类专著《创业教育学》出版以来,我国开始了大学生创业能力培养的尝试,国内众多学者也开始了对大学生创业教育的研究。王海龙在其硕士学位论文《我国高校创业教育研究》中进行了我国高校创业教育的理论探讨,分析了创业教育的内涵、层次以及体系,并探讨了创业教育与素质教育的关系,提出了适合我国高校的教育模式,并分析了这种创业教育新模式所必需的要素,最后提出了我国高校创业教育的发展对策。高耀丽在其硕士学位论文《大学生创业教育的实施与高校管理变革》中探讨了大学生创业教育的培养目标,从高校管理的教学管理、学生管理和校风建设3个主要方面分析其中不利于创业教育实施的因素,并提出变革措施。这些研究成果具有普遍的指导意义,为高校创业能力的培养提供了理论基础和行动指导。

2002年教育部确定9所创业能力教育试点院校,召开了全国高校创业教育研讨会,9所试点院校开始对创业能力教育进行进一步的研究和探索,高校创业能力教育的研究蓬勃发展。关于高校创业能力教育的研究不仅表现在文章数量猛增,还出版了高校创业教育类的书籍。如袁晓玲主编的《小企业经营管理谋略与技巧:大学生创业全程指导》;李时椿、常建坤、杨怡编著的《大学生创业与高等院校创业教育》;吴正林、沙启仁等人主编的《就业与创业指导》;李光、易晓波主编的《创业导论》;黄才华主编《大学生就业与创业指导》;卢旭东主编的《创业学概论》;由江歆萍主编的《大学生创业》是我国关于大学生创业的首部著作。近年来,我国各大高校对创业教育的研究日益增多,西安交通大学的张悦月、高山行等人申报了全国高等教育研究会和全国高等院校教学研究中心研究计划《大学生创业素质的调查及对策分析》，对高校学生的创业素质展开了调查研究。

研究者们分别从国家角度、高等教育角度、高校角度、大学生角度阐述大学生创业能力培养的重要性。刘颖在《浅议大学生创业能力培养的必要性》中认为培养大学生的创业能力有利于缓解就业压力以及促进高等教育大众化，是知识经济社会的需要，是适应社会主义市场经济发展的需要，是推进高校人才培养模式改革的需要。杨金焱、费世森在《新时期大学生创业能力的构成与培养》中认为大学生创业能力的培养关系到我国经济的发展，是我国高等教育改革的新目标，是解决大学生就业问题的重要途径。

我国高校在开展创业教育、培养学生创业能力方面的研究，基本上还是基于普通高校尤其是以重点大学为试验点。高职院校在层次上虽同样属于高校，但是依据联合国教科文组织颁布的《国际教育标准分类》，高职院校属于以技术性为主的教育（5B）范畴，虽然普通高校的成功探索为高职院校的创业能力培养提供了可供借鉴的蓝本模式，但并不能完全适用于高职院校。以校企合作为培养模式的高职院校在开展创业教育这方面与普通高校有其自身的独特的优势。因此，开发高职院校自身的创业能力培养教育体系，提升学生的创业能力就显得尤为必要。我国对高职院校的创业教育的研究，开始于20世纪90年代末，在中国期刊全文数据库中输入"高职院校创业教育"，用关键词和篇名分别进行查询，出现的一篇关于高职学生创业教育研究最早的文章是发表在《高教探索》2000年第4期，李建求提出的"高职院校实施创业教育的必要性及其对策"。输入"高职院校学生创业能力"，用关键词和篇名分别进行查询，出现的一篇关于高职学生创业能力研究最早的文章是发表在《辽宁农业职业技术学院学报》2002年第

15

2 期,董文奇等人提出的"立足于对农业高职人才的需求,提出培养农业高职学生创业能力的途径与方法"。从上述文章可以看出:由于创业教育在国内启动较晚,到目前为止,国内在创业能力培养理论研究仍处于探讨阶段,质量良莠不齐,缺乏实证分析,理论体系尚未形成,可见我国在这方面理论研究之薄弱。

(二)国内高职院校学生创业相关研究成果的不足

我国对高职学生创业能力的培养研究起步较晚,高职学生创业能力培养的研究主要集中在大学生创业支持体系研究、大学生创业能力培养模式、途径研究等方面。近年来这方面的论文发表数量虽然呈现逐年递增的趋势,但是从总体来看还存在不足。从研究内容上看,目前研究的不足主要集中在以下几个方面。

1.概念界定不明晰

对创业能力概念的界定,不同的学者有不同的观点,没有统一权威的定义。学者们对创业能力缺乏系统全面的认识,对创业能力的构成要素没有统一的说法,对高职学生这个特殊群体的创业能力影响因素没有深入探究。

2.研究的内容过于狭窄,理论研究偏多

对创业的理论研究偏多,实证研究少,典型性研究缺乏,缺少体系的研究,如最重要的资金支持体系、政府支持体系、环境支持体系、高校支持体系、家庭支持体系等的研究。实证研究非常少,期刊网上仅有少数几篇为实证研究,东部实证研究较多,中西部实证研究较少。另外,几乎没有典型性研究。高职学生即使对创业有极大的兴趣也无从下手。另外,高职大学生创业能力往往与社会对高等创新型人才的实际需求脱节,一定程度上制约了创业能力培养的实际成效。

3.专题性的研究少

目前主要从高职大学生创业能力、地方高校大学创业能力进行研究,还没有完全形成专题性研究。

4.研究角度比较单一

高职院校大学生创业能力视角集中于教育学、教育心理学和心理学领域。目前,国内外教育界在对大学生开展创业教育的必要性和重要性上已经达成共识,各种创业活动也在国内外高校迅速进行,创业规模不断扩大,创业者数量也呈不断上升的趋势,并且形成了各具特色的实施创业教育的途径和方法。

近年来,我国创业教育的研究成果也逐步涌现,但是国内关于女大学生创业的研究显然不足。至今知网中收录了"女大学生创业教育"关键词的博硕士论文共有9篇,李鹏在《女大学生创业行为研究》一文中,调查得出女大学生创业研究的期刊论文和硕士、博士论文都较少。① 这说明国内学术界目前对女大学生创业的研究还不够重视,相关的论文的数量和质量都还不能满足女大学生创业工作的现实需求。因此,加强高职院校女大学生创业能力培养的研究将成为今后创业教育研究领域的一个重点。

三、已有研究存在的问题及趋势

通过以上对国内和国外创业教育和创业能力的相关文献的综述,显然,以美国为代表的国外创业教育已进入成熟阶段,已由定性深入定量研究层面,但仍以企业的活动周期的细致探究为主,还没有把它作为一个独立的学科体系来进行尝试。创业教育作为一个研究领域还没有受到国内学者的广泛重视,有关方面的研究也仅处于萌芽阶段,各种有关创业及创业教育的研究论文散见于各种期刊中,高质量的研究论文较匮乏,创业教育研究还未形成体系。此外,从研究方法的角度来看,定性研究有一定探讨,

---

① 李鹏.女大学生创业行为研究[J].经营与管理,2013(6):125-129.

但实证研究太少,正处于从概念解析向实践体系构建过渡之中。基于前人的研究,本研究旨在厘清创业能力的理论基础,明确创业能力的影响因素,提出创业能力培养的有效对策。

综合来看,国内关于大学生创业教育的研究纷繁复杂,视角丰富,已有的研究中定性研究多,实证的研究少;经验介绍多,系统研究少。高职院校大学生创业能力构成的验证性研究不少,但对创业能力构成的建构多借助于国外的研究成果。

第二章

相关概念界定

第一节　创业概述

一、创业的含义

创业，即开创事业。"创"，篆文从刀，仓声，是形声字。"业"，篆文像古代乐器架子横木上的大板，上面刻有锯齿，以便悬挂钟、鼓等乐器，后引申为所从事的学业、事业、职业、行业、就业、产业、创业、工作等。由此可见，"创业"是"创"字当头，"业"为基础。这就意味着任何一项事业都是一个由无到有、由小到大、由简到繁、由旧到新的创造过程。杰夫里·蒂蒙斯所著的《创业学》定义：创业是一种思考、推理结合运气的行为方式，它为运气带来的机会所驱动，需要在方法上全盘考虑并拥有和谐的领导能力。①

---

① 杰弗里·蒂蒙斯，等.创业学［M］.周伟民，吕长春，译.北京：人民邮电出版社，2005.

　　创业就是自谋出路，是就业的一种特殊形式。创业是一种创新性活动，它的本质是独立地开创并经营一种事业，使该事业得以稳健发展、快速成长的思维和行为的活动。创业是创业者对自己拥有的资源或通过努力对能够拥有的资源进行优化整合，从而创造出更大经济或社会价值的过程。创业是一种劳动方式，是一种需要创业者运营、组织、运用服务、技术、器物作业的思考、推理和判断的行为。创业是一个人发现了商机，并加以实际行动转化为具体的社会形态，获得利益，实现价值。

　　在我国，创业活动已经持续了很长时间，而专门对它进行研究的时间并不长。从狭义上讲，创业指个人初次开展某项以营利为目标的经营活动。从广义上讲，创业不仅指个人初次开展经营活动的过程，还包括针对同一经营活动的再次尝试。[①] 也有学者注重把创业、机会联系起来，认为创业的关键步骤是等待、发现并把握机会，在个人物质、时间和精神付出的基础上利用机会创造出新产品或服务，在实现机会带来潜在价值的基础上获得物质和精神上的回报。[②]

　　以创业者的不同形式为依据，可将创业区分为自主创业和非自主创业。自主创业，即个人单独创立企业进行经营的过程。非自主创业，指在企业内部进行变革，实现为企业引入创新理念，带来机制变革，充实企业活力的过程。依据创业者的不同目的，可分为生存型创业者、主动型创业者、赚钱型创业者和反欺诈委托加盟。毕业之后就选择创业的大学生，属于生存型创业者，主要目的是通过赚钱获得物质财富，满足个人基本的生活需求。

　　创业是富有创业精神的创业者与机会结合并创造价值的活

　　① 樊一阳,徐玉良.创业学概论[M].北京:清华大学出版社,2010.
　　② 于连涛,庄军,姜宽荣.创新与创业教育[M].青岛:中国海洋大学出版社,2004.

动,包括公司内部创业和创办新的企业。创业的含义广泛,实际上就是创立自己的一份事业,这种事业既可以是自己独自创立的,也可以是一个团队共同创造的,既要体现个人价值又要体现社会价值。例如,联想的柳传志,微软的比尔·盖茨,苹果的乔布斯,娃哈哈的宗庆后,还有马化腾、刘强东、俞敏洪、牛根生等创业者都创建了自己的事业。

创业是一种开拓性创新活动,创业是有风险并要自己承担风险的活动,创业是一种创造价值并努力实现价值的过程,创业也是现代经济持续成长的重要引擎和主要推动力。作为一种新的经济形态,创业也是市场经济发展的一个必然产物,是一个国家或地区经济发展繁荣的基础,包括我国在内的许多国家越来越关注建立和发展创业型经济。

目前,大学生作为创业大军中一股强有力的力量,有效缓解了社会就业压力,实现自我价值,创造社会财富和推动社会主义经济发展。大学生创业是一种以在校大学生和毕业大学生等特殊群体为创业主体的创业过程。随着近期我国不断走向转型化进程以及社会就业压力的不断加剧,创业逐渐成为在校大学生和毕业大学生的一种职业选择方式。

二、创业的特点

①创业具有明确的目的性。有的人创业是为了生存;有的人创业是为了致富;有的人创业是为了当老板的梦等。这种明确的目的性是创业者最大的目的性。

②创业者具有主动性。创业者可以选择自己合适的行业和项目进行创业,也可以选择适合的时间和合伙人进行创业。创业是一份自主性很强的工作,创业者最大限度地做自己喜欢做的事情。

③创业者具有风险性。创业者与就业者不同,就业者没有太大的风险性。但创业者不同,从创业的过程和结果看,对创业者来说是艰辛和风险的。市场竞争得越激烈,风险也就越大。创业存在的风险很大,但同时也充满着诱惑力。

④创业具有广阔性。创业的广阔性是指创业的主体、类型、行业等具有广阔性。例如,从创业主体讲,创业不受性别、文化、民族、学历等限制,不同职业,不同阶层的人都可以做创业者。从行业来说,你可以做物流、生产加工、零售销售等。

三、大学生创业的途径

1. 学习途径

创业知识广泛存在于大学生的学习、生活的视野之中,只要善于学习,总能找到施展才华的途径,但在信息泛滥的社会里,"去粗取精,去伪存真"也是很重要的。创业者通过课堂学习能拥有过硬的专业知识,在创业过程中将受益无穷;大学图书馆通常能找到创业指导方面的报刊和图书,广泛阅读能增加对创业市场的认识,大学社团活动能锻炼各种综合能力,这是创业者积累经验必不可少的实践过程。

2. 媒体资讯

①纸质媒体。人才类、经济类媒体是首要选择,例如,比较专业的《21世纪人才报》《21世纪经济报道》《IT经理世界》等。

②网络媒体。管理类、人才类、专业创业类网站是必要选择,例如,中国营销传播网、中华英才网、中华创业网、人才中国网、校导网等。此外,从各地创业中心、创新服务中心、大学生科技园、留学生创业园、科技信息中心、知名的民营企业等网站上都可以学到创业知识。

3. 曲线创业

曲线创业即先就业、再创业，这是时下很多学生的选择。毕业后，由于自己各方面阅历和经验都不够，能够到实体单位锻炼几年，积累了一定的知识和经验再创业也不迟。往往选择先就业再创业的学生在跳槽后，所从事的创业项目通常也是在过去工作中密切接触的。在准备创业的过程中，我们可以利用与专业人士交流的机会获得更多的来自市场的创业知识。

4. 创业实践

真正的创业实践开始于创业意识萌发之时。大学生的创业实践是学习创业知识的最好途径，它分为直接和间接两种学习途径。

直接的创业实践学习主要可通过课余时间，假期的兼职、试办公司、试申请专利、试办理著作权登记、试办理商标申请等事项来完成；也可通过举办创意项目活动、创建电子商务网站、谋划书刊出版事宜等多种方式来完成。

间接的创业实践学习主要可借助学校举办的某些课程的角色性、情景性模拟参与来完成。例如，积极参加校内外举办的各类大学生创业大赛、工业设计大赛等，对知名企业家成长经历、知名企业经营案例开展系统研究等也属间接学习范畴。

5. 校园代理

大学生由于经验、能力、资本等方面都存在不足，直接创业存在很大困难，既不现实，成功率也很低。而校园代理对经验、资金等方面一般没有太高要求，可以利用课余时间代理校园畅销产品，积累市场经验、锻炼创业能力，做校园代理没有成败之分，对于大学生来说，在不影响正常学习的情况下，多多益善，如果做得较好，还可以积累一定的资金。总之，通过校园代理可以为毕业后的创业之路准备必要的物质和精神条件。

6. 个人网店

大学生是最具活力的群体,也是新技术和新潮流的引导者和受益者。由于网络购物方便、高效,越来越多的人选择这一消费方式。一些人即使不买,也会去网上了解一下自己将要买的商品的市场价。此时,一种点对点、消费者对消费者的网络购物模式开始兴起,以国外的 eBay 为先驱,国内的淘宝为典型,吸引了越来越多的个人在网上开店,在线销售商品,引发了一股个人开网店的风潮。不少大学生看到这一潮流纷纷投身个人网店,其中不乏成功者。

7. 与人交流

商业活动无处不在,你可以在你的周围,找有创业经验的亲朋好友交流。在他们那里,你将得到最直接的创业技巧与经验,更多的时候这比看书本的收获更多。你甚至还可以通过电子邮件和电话拜访你崇拜的商界人士,或咨询与你创业项目有密切联系的商业团体,你的谦逊总能得到他们的支持。

四、大学生创业常见风险

1. 项目选择不正确

大学生创业时如果缺乏前期市场调研和论证,只是凭自己的兴趣和想象来决定投资方向,甚至仅凭一时心血来潮选择项目,一定会碰得头破血流。大学生创业者在创业初期一定要做好市场调研,在了解市场的基础上创业。一般来说,大学生创业者资金实力较弱,选择启动资金不多、人手配备要求不高的项目,从小本经营做起比较适宜。

2. 创业技能缺乏

很多大学生创业者眼高手低,当创业计划转变为实际操作时,才发现自己根本不具备解决问题的能力,这样的创业无异于纸上谈兵。一方面,大学生应去企业打工或实习,积累相关的管理和营销经验;另一方面,大学生应积极参加创业培训,积累创业知识,接受专业指导,提高创业成功率。

3.资金风险

资金风险在创业初期会一直伴随在创业者左右,是否有足够的资金创办企业是创业者遇到的第一个问题。企业创办起来后,就必须考虑是否有足够的资金支持企业的日常运作。相当多的企业会在创办初期因资金紧缺而严重影响业务的拓展,甚至错失商机而不得不停止运作。对于初创企业来说,如果连续几个月入不敷出或者其他原因导致企业的现金流中断,都会给企业生存带来极大的威胁。大学生创业者往往没有充足的资产,存在的资金风险极高。

另外,创业资金的获得需要有广阔的融资渠道,除了银行贷款、自筹资金、民间借贷等传统方式外,还可以充分利用风险投资、创业基金等融资渠道。

4.社会资源贫乏

企业创建、市场开拓、产品推介等工作都需要调动社会资源,大学生在这方面会感到非常吃力。平时应多参加各种社会实践活动,扩大自己人际交往的范围。创业前,可以先到相关行业领域工作一段时间,通过这个平台,为自己日后的创业积累人脉。

5.管理风险

一些大学生创业者虽然技术出类拔萃,但理财、营销、沟通、管理方面的能力普遍不足。要想创业成功,大学生创业者必须技术、经营两手抓,可从合伙创业、家庭创业或从虚拟店铺开始,锻炼创业能力,也可以聘用职业经理人负责企业的日常运作。

创业失败者基本上都是管理方面出了问题,其中包括:决策随意、信息不通、理念不清、患得患失、用人不当、忽视创新、急功近利、盲目跟风、意志薄弱等。特别是大学生知识单一、经验不足、资金实力和心理素质明显不足，更会增加在管理上的风险。

6.竞争风险

寻找蓝海是创业的良好开端，但并非所有的新创企业都能找到蓝海。更何况，蓝海也只是暂时的，所以，竞争是必然的。如何面对竞争是每个企业都要随时考虑的事情，而对新创企业更是如此。如果创业者选择的行业是一个竞争非常激烈的领域，那么在创业之初就极有可能受到同行的强烈排挤。一些大企业为了把小企业吞并或挤垮，常会采用低价销售的方式。对于大企业来说，由于规模效益或实力雄厚，短时间的降价并不会对它造成致命的伤害，而对初创企业则可能意味着彻底的毁灭。因此，考虑好如何应对来自同行的残酷竞争是大学生创业者的必要准备。

7.团队分歧

现代企业越来越重视团队的力量。创业企业在诞生或成长过程中最主要的力量来源一般都是创业团队，一个优秀的创业团队能使创业企业迅速地发展起来。但与此同时，风险也蕴含其中，团队的力量越大，产生的风险也就越大。一旦创业团队的核心成员在某些问题上产生分歧不能达到统一时，极有可能会对企业造成强烈的冲击。

事实上，做好团队的协作并非易事。特别是与股权、利益相关联时，很多初创时很好的伙伴都会闹得不欢而散。

8.核心竞争力缺乏的风险

对于具有长远发展目标的创业者来说，他们的目标是不断地发展壮大企业，因此，企业是否具有自己的核心竞争力就是最主要的风险。没有核心竞争力的企业终究会被淘汰出局，一个依赖别人的产品或市场来打天下的企业是永远不会成长为优秀企业的。核心竞争力在创业之初可能不是最重要的问题，但要谋求长远发展,就是最不可忽视的问题。

9.人力资源流失风险

一些研发、生产或经营性企业需要面向市场,大量的高素质专业人才或业务队伍是这类企业成长的重要基础。防止专业人才及业务骨干流失应当是创业者时刻注意的问题,在那些依靠某种技术或专利创业的企业中,拥有或掌握这一关键技术的业务骨干的流失是创业失败最主要的风险源。

10.意识上的风险

意识上的风险是创业团队最内在的风险。这种风险来自无形,却有强大的毁灭力。风险性较大的意识有:投机的心态、侥幸心理、试试看的心态、过分依赖他人、回本的心理等。

大学生在创业过程中所遇到的阻碍并不止以上10点。在企业发展过程,随时都可能有灭顶之灾的风险。所以,创业者需要保持积极的心态,多学多问,虚心请教,向前辈学习,向竞争者学习,要有大局意识,不能只顾眼前,不任意挥霍,合理理财,接受挫折,勇于承担。

27

第二节　大学生创业教育概述

一、大学生创业教育的含义

创业教育,即英文"Enterprise Education"的中文表述,1989年,在联合国教科文组织面向21世纪国际教育发展趋势研讨会上,柯林·博尔首次提出了"创业教育"的概念,并将其表述为:

"创业教育,从广义上来说是指培养具有开创性的个人,它对于拿薪水的人同样重要,因为用人机构或个人除了要求受雇者在事业上有所成就外,正在越来越重视受雇者的首创和冒险精神、创业和独立工作能力以及技术、社交、管理技能。"之后创业教育逐渐发展为一门新兴学科。联合国教科文组织召开的面向 21 世纪教育国际讨论会的报告中详细阐明了"创业教育"成为人们应当具备的三本教育护照中的第三本护照。1998 年 12 月,我国在《面向 21 世纪教育振兴行动计划》中首次提出了"创业教育"的概念,指出"加强对教师和学生的创业教育,鼓励他们自己创办高新技术企业"。1999 年 6 月,在第三次全国教育工作会议上,国家对创业教育的发展提出了新的要求,鼓励大学生在接受更好的创业教育的基础上成长为更优秀的不同行业的创业者,相关部门也要加强创业教育。

国内学者从广义、狭义的不同视角界定了创业教育的概念,因此对创业教育目标和内涵的理解仍略有差别。对创业教育概念的不同论述为:①创业教育是指培养受教育者企业家精神的教育;[①]②创业教育的目的在于培养不同个体认识和识别商机的能力。包括学习关于创业的商业管理课程和判别商业机会、在面对风险时整合资源、开创新的企业的过程;③创业教育激发了学生个人开发的潜能,使学生提高自己发现和把握个人获得成功的潜在机会,达到增强和开发学生创业基础素质、培养创新型人才的培养目标。

具体而言,狭义的创业教育可以理解为培养能够在一定时期内和满足一定条件的情况下进行自主创业的人。而广义的创业

---

① 侯定凯. 创业教育——大学致力于培养企业家精神[J]. 高等教育研究, 2001 (5):89.

教育是指培养具有创新精神和创新技能的受教育者,受雇于他人获得物质收入的个人和创业者同样需要通过创业教育提升个人的创造性。

在创业教育概念广义和狭义的区分之外,另一个分歧点集中在对创业教育目标的不同看法上。通常一种观点认为创业教育的目的是培养受教育个体的创新创业品质,激发受教育者的创新精神,提升个体的创新创业技能,可看作是"通过创业而教育";另一种观点认为创业教育的最主要目的是鼓励更多的受教者进行创业实践,把开创企业当作个人的职业追求,可看作是"为创业进行的教育"。

二、高职院校实施创业教育的重要意义和必要性

(一)重要意义

1.全面实施大学生创业教育是高职院校发展的需要

当前高职院校如雨后春笋般涌现,招生和就业竞争日趋白热化。如何培养出符合社会需要的人才? 如何提高毕业生就业的竞争能力? 是高职院校共同面临的问题。面对激烈的招生竞争与就业压力,高职院校要解决自身生存与发展问题,实现可持续发展,要调整办学思路,全面实施创业教育,不但要提高大学生个人整体素质与学校的教育教学管理水平,更为重要是要办出高职院校的特色,走出一条符合国情、适合高职院校发展的路子来。全面实施大学生创业教育,不失为高职院校走出招生难、就业难的困境的一剂良方。高职院校必须着力于课程结构与体系的改革调整、以就业为导向、以职业基础课和技能课的学习为重点、以校内外的实训、实习基地为载体,突出对大学生的创业精神和创业能力的培养,引导大学生进行创业教育实践活动,强化大学生的实践操作能力和创业技能,提升大学生的生存能力、竞争能力、

就业与创业能力,真正让高职院校大学生具备创业的能力素质和良好的创业意识,形成学生能招进来,毕业后能走得出去,保证高职院校学生进出通畅的双赢局面,这是高职院校发展的必然选择。

2.全面实施大学生创业教育是社会经济发展的需要

首先,全面实施大学生创业教育是高等教育大众化的需要。在高等教育大众化、社会经济快速发展、行政机构及其人员精简的今天,大学生就业形势将越来越严峻,能否顺利就业是每个高职院校毕业生都将面临的问题。其次,毕业生就业难将可能成为影响社会稳定的一个重大问题。在现有行业只能接受一部分毕业生就业的条件下,另一部分毕业生则只有通过自主创业来实现就业,从而达到为社会经济发展服务、实现个体价值的目的。最后,全面实施大学生创业教育是我国经济发展的需要。世界发达国家发展的经验表明:大力发展中、小企业是发达国家可持续发展的必由之路,我国政府已充分意识到发展中、小企业的重要性,先后出台了一些措施鼓励发展中、小企业。高职院校的毕业生具有较高知识水平与职业技能,应该具有创业的优势。实施大学生创业教育,提升大学生的创业能力,鼓励大学生毕业后自主创业,不仅可以解决大学生自身的就业问题,使大学毕业生实现充分就业,而且还可以为社会创造更多的财富与就业机会,缓解大学生就业压力。这与国家的鼓励措施是一致的。

(二)创业教育是高等职业教育大发展的必然要求

要迎接未来的挑战,必须提高全民素质,提高全民素质离不开教育,特别是高等职业教育的大发展。20世纪90年代以来,我国高等教育体制发生了重大变化,高等教育迅速发展,已经基本进入高等教育大众化阶段,而在这个发展过程中,高等职业教育作出了重大贡献。但目前面临的难题是高等教育入学率越高,就业的压力就越大。因此,没有创业教育作支持,学生就业问题将无法解决。知识经济时代,社会用人的数量是一个变数,只要去开发,就会出现新岗位,就能扩大就业,而开发就业岗位靠谁呢?过去较多的是依靠政府,而政府不是万能的,最终还得依靠社会自身去创造,靠一大批具有创业意识、创业能力和开拓创新精神的创业者去大胆地实践。高职教育作为高等教育的新的发展形势,已经有了传统的就业教育作基础,发展创业教育具有较好的先天条件。概括起来有以下 4 点必要性。

1. 实施创业教育是解决毕业生就业难的根本途径

近几年,由于我国高校的持续扩招、经济体制的转轨、产业结构的调整及社会劳动人事制度的改革,高校毕业生的就业形势日趋严峻,毕业后暂时找不到全职工作的毕业生比比皆是,"毕业即失业"的现象已不足为怪。就业问题成了人们不得不关注的社会问题。在谈到如何解决就业难题时,哈佛大学美国研究中心的客座教授杨小凯指出,中国目前的劳动力不是过剩而应该是短缺,关键是中国缺少老板。国内外经验和有关研究表明,中小企业,特别是第三产业中的中小企业,其就业容量在多数领域平均比大企业高出一倍。因此,不论是在发展中国家还是在发达国家,人们越来越重视中小企业在创造就业机会上的重要作用。在我国,据国家经贸委提供的材料,目前全国的中小企业提供了大约75%的城镇就业机会,中小企业已成为我国创造就业机会最多的一支主力军。由此可见,不能通过创业来提供就业岗位,也就不会有广泛意义上的就业,只有对学生进行创业教育,鼓励学生创办中小企业,才能从根本上解决就业难的问题。

2. 实施创业教育是促进社会经济发展的重要途径

研究表明,中小企业的发展不仅是解决就业问题的法宝,而且是繁荣经济的灵丹妙药。中小企业的数量及其发展水平是衡量一个国家经济实力的重要指标之一。美国在20世纪80年代率先进入创业型经济时代,每年GDP的40%、销售额的50%、创新成果的70%都是由中小企业创造的。因此,创业家被称为美国经济的"新英雄"。在瑞士,约71%的企业是中小企业;在澳大利亚,中小企业的产值约占国民经济总产值的60%;而在我国,中小企业也已占企业总数的99%,其中从业者在7人以下的微型企业约占72%,从业者在8人以上的中小企业约占27%,其产值占工业总产值的60%左右,利税占40%。可见,对学生实施创业教育,鼓励学生创办中小企业,以创业拉动经济增长,已成为世界各国的共识。

3.实施创业教育是学生自身发展的迫切需要

当前的在校学生大多数都是独生子女,优越的生活条件使他们较少关心自己的未来,将自己的未来寄托在别人身上,不会与人交往合作,以自我为中心,缺乏社会责任感,缺乏吃苦耐劳的精神,心理承受能力差,情感脆弱。特别是进入职业院校的学生,考试的失败可能会使他们缺乏自信心、悲观消沉,这对他们的成长与发展都极其不利。因此,对高职大学生进行创业教育,让他们正确认识到所面临的社会形势,在创业实践活动中增强他们的责任感,培养坚韧的意志,使他们学会与他人交往合作,学会在激烈的社会竞争中如何生存,显得尤为重要。当今社会瞬息万变,人们一生从事一种职业的状况已成为历史,对大学生实施创业教育,促使其掌握创业技能,还有助于他们更好地适应未来的生活及实现人生价值。

4.实施创业教育是高职院校进一步发展和改革的内在需要

生源是学校得以生存的基础,随着普通高校的进一步扩招,高职院校面临着严峻挑战。要在激烈的竞争中分到自己那"一杯羹",使自己茁壮成长,高职院校应充分发挥自身的优势,不断改革。高职院校的优势在于在培养人的过程中重视实践教学环节,在实践过程中鼓励创新,重视职业道德和职业技能的培养,这些都有利于学生创业意识与能力的养成。培养学生的创新精神和创业能力对高职院校来说,不仅是学生职业素质的一项重要内容,而且是教育教学改革的目的和手段所在,是学校获得进一步发展的内在动力。

三、国内外大学生创业教育发展历程

(一)国外大学生创业教育发展历程

在国外,很多国家都纷纷采取措施推动大学生自主创业,创业教育的研究工作启动得比较早,也取得了不错的成效。美国的创业教育不仅起步得最早,成绩也最引人注目,已经形成了比较系统完整的学科体系,创业教育的支持体系也较为健全,创业教育已进入了发展的成熟阶段。在过去的近 30 年中,创业学成为美国商学院和工程学院发展最快的学科领域,1999 年有超过1100 所学院和大学开设这一领域的课程。目前,创业教育在美国已形成了一个相当完备的体系,涵盖了从初中、高中、大学本科直到研究生的正规教育,而创业学研究则成为创业教育的有力支撑。美国大学的创业教育各具特色,例如,百森商学院、哈佛商学院、斯坦福大学等创业教育计划就是综合型的,而麻省理工学院、加州大学伯克利分校、仁斯里尔理工大学的创业教育是面向高科技创业。在课程设置方面,美国高校更是充分融入了创业教育体系。如哈佛大学共开设了 15 门创业管理课程,其中具有代表性的 8 门课程是《创业财务》《创业管理》《创业营销》《专业服务》《小企业的经营与成长》《创造性与组织》《风险投资与个人股权》《开创新企业》,甚至将必修的《一般管理学》改为《创业管理学》;加州大学洛杉矶分校在创业管理方面的课程高达 28 门;芝加哥大学商学院的创业管理课程共开 23 门,创业课程的设计让学生置身于未来企业所面临的情境,包括设计经营模式、分析竞争策略、经营管理、募集资金、创建新公司相关的法律和税务问题等。这些大学各自有所侧重,使得他们在创业教育中能够发挥自身的优势,为国家培养了一大批创业人才。①

除了美国之外,世界其他许多国家的政府和大学也非常重视创业教育。英国 1999 年 11 月宣布投资 7 000 万英镑,在剑桥大学和麻省理工学院之间建立起教育研究的合作伙伴关系,力图把美国的经验吸收到英国来,鼓励创业,提高生产力和竞争力;印度在 1966 年曾经提出过"自我就业教育"的概念,鼓励学生毕业后自谋出路,使他们"不仅是求职者,还应是工作机会的创造者",印度的创业教育也实现了长足发展。②

(二)国内大学生创业教育发展历程

国内大学生创业教育发展历程具体可划分为以下 5 个阶段:

①1985 年之前大学生创业教育的空白阶段。在 1985 年之前,我国高等教育制度实行的是计划管理模式,能进入大学就读的大学生人数较少且毕业后均由大学负责分配工作。在此期间几乎看不到选择自谋职业成为创业者的大学生,大学也并未开设创新创业类的课程,大学生创业教育也就处于空白阶段。

②1985—1997 年大学生创业教育的萌芽期。1985 年,国家改革高校毕业生就业分配管理方式,导致一些大学生在毕业之后也需要自己找工作。在这种环境中,部分高校对大学生开展了就业指导和创业指导工作。1991 年,由原国家教委基础教育司负责,选择了我国 30 多所学校作为创业教育的试点院校,在试点院

---

① 庞勃. 中美大学生创业教育比较[D]. 长春:东北师范大学, 2008.

② 桂敏. 中国高校创业教育的现状研究与构建模式的思考[D]. 武汉:武汉理工大学,2008.

校开展了一系列创业教育的研究。但遗憾的是，我国的创业教育也没有取得更大的成效。

③1997—2002年4月大学生创业教育的主动探索阶段。在这一阶段，国内的一些高校主动对创业教育进行了探索。例如，1997年，清华大学通过开展名为"创业计划大赛"的创业大赛，让学生在参与的过程中逐渐提升实践技能，丰富学生的科技知识，这也成为我国高等学校探索创业教育的开端。

④2002年4月—2012年大学生创业教育的试点阶段。2002年4月，教育部为推动我国大学生创业教育的发展，选取了清华大学等9所高校作为试点院校，积极在校内进行了创业教育的实践探索，寻求适合各自学校的创业教育发展模式，因此，在政府对高校的政策引导与支持下，我国创业教育进入多元化的发展阶段。国内部分其他高校也成为开展创业教育的一员，对校内学生开设了创业教育的有关课程，使得大学生创业教育得到了积极的发展。

⑤2012年至今大学生创业教育迅速发展的新时期。党的十八大报告提出促进创业带动就业。2014年，国家将"大众创新，万众创业"作为国家的发展战略后，我国高校的大学生创业教育被带入了新的发展时期。从2016年起，所有高校都要设置创新创业教育课程，对全体学生开设创新创业教育的必修课和选修课，并纳入学分管理。我国的大学生创业教育也将迎来全面发展的新时期。

总体而言，国内普通高等教育在创业教育方面的探索还不够系统和深入，我国开展高校创业教育工作尚处于起步阶段，创业实践活动主要以开展"挑战杯"中国大学生创业计划竞赛为主要内容，形式较为单一（见表1）。

表1 我国高校创业教育大事年表

时 间	主要事件
1998 年	清华大学承办第一届"挑战杯"中国大学生创业计划竞赛
2000 年	上海交通大学承办第二届"挑战杯"中国大学生创业计划竞赛
2001 年	教育部、科技部首批批准成立和认定了 15 个国家级大学创业孵化基地
2002 年 4 月	教育部召开"创业教育试点工作座谈会",确定人大、清华、北航、黑龙江大学、上海交大、南京财经大学、武汉大学、西安交大、西北工大等九所大学为创业教育试点院校
2002 年	浙江大学承办第三届"挑战杯"中国大学生创业计划竞赛
2004 年 7 月	教育部、劳动和社会保障部联合发文,决定在全国 37 所高等院校进行以 SYB(Start Your Business)为中心内容的创业教育
2009 年 2 月	国务院办公厅发出通知,高校毕业生创业可享受 4 项优惠政策,包括免收行政事业性收费、提供小额担保贷款、享受职业训练补贴、享受更多公共服务等。此后,各地相继出台扶持政策
2004 年至今	每 2 年举办一次"挑战杯"中国大学生创业计划竞赛

从我国高校创业教育实践活动方式看,创业教育大致可归纳为如下 3 种形式:

①以大学生整体能力、素质提高为侧重点的创业教育,它融入素质教育之中。其代表是中国人民大学。中国人民大学自1998 年起开展创业教育,强调"重在培养学生创业意识,构建创业所需知识结构,完善学生综合素质",将第一课堂与第二课堂相结合开展创业教育,形成了以专业为依托,以项目和社团为组织形

式的创业教育实践体系。

②以提高大学生的创业知识、创业技能为侧重点的创业教育,特点是建立大学生创业园。其代表是北京航空航天大学。北京航空航天大学以提高学生的创业知识、创业技能为重点开展创业教育,成立了创业管理培训学院,设立了 300 万元的创业基金,对学生的创业活动进行商业化运作。

③以综合式的创业教育,既注重大学生基本素质的培养,又为大学生提供创业所需资金和必要的技术咨询,其代表是上海交通大学。

四、大学生创业教育模式

1998 年,我国教育部颁布了《面向 21 世纪教育振兴行动计划》,提出要"加强对教师和学生的创业教育,鼓励他们自主创办高新技术企业",这是教育部首次对创业教育理念的正式回应。随后,我国教育部还颁布了《关于深化教育改革全面推进素质教育的决定》。[1] 2000 年,教育部公布了大学生可以休学保留学籍进行创业的政策,该政策的提出拉开了创业教育进入高校的序幕。2002 年,正式提出"创业教育"的理念。[2] 我国具有中国特色的创业教育模式归结为以下 3 种。

1."第一课堂与第二课堂结合起来开展的创业教育"的模式

即理论与实践相结合的创业教育。在理论方面,即在教学方面,增设有关大学生创业能力培养方面的选修课程。在实践方面,开展各种创业竞赛、创业教育讲座和社团活动,使大学生尽可能地投身于各种创业实践活动中。这也是大多数高校施行的

① 韩力争.大学生创业心理素质调查与思考[J].南京财经大学学报,2004(6):88-91.

② 杨超敏.大学生创业素质培养研究[D].西安:长安大学,2012.

37

模式。

2."以组建职能化、实体化的创业教育教学机构来推进创业教育"的模式

开展该模式创业教育典型的高校有北京航空航天大学和黑龙江大学。北京航空航天大学成立了创业管理培训学院,专门负责学生创业有关事务;黑龙江大学成立了创业教育领导小组、创业教育学院等 6 个校级创业教育试点单位来全面推进创业教育。

3."以创新为核心的综合式创业教育"模式

上海交通大学、复旦大学和武汉大学是该模式的典型代表。3 所高校在创业教育的指导思想和办学理念,在理论知识的传授和实践课程的学习中都具有明确的规定,属于综合式的创业教育高校,在资金、知识和技术上都给予大学生一定的支持,帮助大学生创业。

除了高校通过上面 3 种模式为大学生提供创业教育外,近些年国家也陆续出台了一系列的政策鼓励大学生创业。2003 年国家就针对大学生创业企业减免费用出台了相应的优惠政策。除限制部分行业外,大学生持本人的身份证、毕业证以及工商部门批准从事个体经营的有效证件,可以按规定免交有关费用。2009 年 2 月 10 日,工商部门推出八大鼓励创业新政策,其中,对大学生创业政策进行了解读和细化。除了对大学生群体个体经营实施取消工商行政收费"零成本"之外,还将就大学生创业设立有限责任公司实施注册资本"零首付"的优惠政策。政策出台后,每个大学生创业企业至少可降低 3 万元的最低创业成本,相关工商行政费用依然收取,这与大学生个体经营者免征行政费即"零成本"创业有所不同。

五、我国大学生创业教育现状

1. 创业教育作为主体教育的补充

受多年来的传统教育模式影响,高等学校在关注主体教学科研发展时,只将创业教育作为学校整体教育事业的有益补充,很少将其真正纳到学校的主要工作计划中,因此,在大学发展创业教育过程中,高校未能给予充分的科研、师资、资金、场地等多方面条件的支持,多停留于部分人的兴趣、爱好层面。与此同时,各级政府的政策引导受主体工作影响也显得力不从心,甚至是敷衍了事。以科研为例,大学生创业引导计划在各省级科技发展计划中的资金投入比例微乎其微。

2. 教学体系不完善,课程设置不科学

创业教育的目的决定了创业教育整个过程需要具备一定的前瞻性、系统性和针对性。但是,国内现行的大学创业教育表现出来的往往是封闭、脱节、脱离现实,教师掌控整个教学过程,成为课堂的绝对主体,学生则习惯性地成为被动接纳对象。所以,我们的大学创业教育体系仍停留在课堂的说教上,说教的内容主要取决于课程的设置和教材的选取,而大学课程呈现出的问题就在于缺乏多样性、灵活性,与现实的经济社会、企业发展脱离甚远,不能与时俱进。因此,培养出的对象缺乏创造性、灵活性和实用性。

3. 师资力量薄弱

创业教育是否成功,很大程度受师资力量的影响。我国高校教师多停留于传道授业等理论教学阶段,即使大学课程中有实践课程,该课程也为期甚短且缺乏创新。教师作为教育教学的重要组成部分,在我国现阶段创业教育中,并未能充分发挥自身的能量。而且受传统教育模式的制约,从事创业教育的师资队伍多为

传统教师兼而为之,往往是在自身兴趣的驱动下,依靠自己的主观探索来获取,继而将未经证实的理论、经验教授给学生。大学教师的主要任务仍以传统理论授课为主,缺乏与现实领域、企业的沟通、对接、实践,这种情况将直接影响整个创业教学的现实性和针对性,从而导致教学内容滞后,影响学生对实际情况的正确判断。因此,师资力量的薄弱已成为制约我国创业教育的重要因素。

六、美国大学生创业教育及启示

(一)美国大学生创业教育的特点

哈佛商学院的迈赖斯·麦斯教授于 1947 年开设的"新创企业管理"被视为美国大学创业教育中的第一门专业课程。到了 20 世纪 70 年代,以比尔·盖茨、戴尔为代表的创业精英的出现,掀起了美国创业革命的高潮。在此影响下,美国的高校创业教育得到了长足发展。时至今日,美国大学创业教育经过半个多世纪的发展,已自成体系,具有鲜明特色,能够较为科学地引导青年学生自主创业。这主要表现在以下 4 个方面。

1. 目标长远、明确,政府给予足够的政策支持

美国创业教育的目标不拘泥于眼前短期的既得利益,而是在培养学生创业意识和管理能力的同时培养创业者的整体素质,为未来国家各领域经济发展做好人才储备。因此,美国的创业教育受到了政府、社会和学校的高度重视,为了鼓励创业,政府在相关法律和经济政策中给予强有力的支持。同时,政府在涉及创业教育以及相关方面的研究上也给予一定的经费支持,为创业教育发展提供了诸多便利条件,建立了较为完善的支持保障体系,并且相继制定了一系列鼓励创业教育的法律和法规。因此,在美国创业教育已经成为关系到国家经济社会发展的重要教育体系之一。

2. 特色鲜明,体系科学完善

美国高校的创业教育具有明确的可操作性和针对性,在绝大多数领域的课程中都不同程度地涵盖了创业知识和技能。在具体的教授体系过程中其具有完善的教学计划和课程体系,并且每个高校根据自身的学科优势制订了各具特色的创业教育教学计划,也形成了特色鲜明的教学体系。在美国,大学普遍开展创业教育,而且在政府的引导下成立了与创业教育相关的研究中心,能够根据整体情况制订科学有效的创业教育规划和教育大纲,这就把大学教育和国家经济长远发展有机地联系在了一起。

3. 师资实力雄厚

美国是高等教育水平最为发达的国家之一,拥有世界上最好的大学、科研院所、科学人才,科研水平高,也拥有最好的产学结合环境。优秀的师资队伍确保了美国高等教育的领先地位。同时,在政府的引导下,美国高校鼓励优秀的科研教师积极参与创业实体的运营发展,从而提高教师的创业教育教学实践水平。此外,美国拥有最好的经济发展环境和最具实力的企业,这为创业教育提供了最良好的教育土壤。教师能够直接面对实体企业运营,就能更为直接地了解企业发展的趋势和需求,从而将相关思想、思维应用在教学中,使创业教育更具针对性、实践性和目的性。

4. 创业文化氛围宽容

个性、自由、独立是美国文化的主要特征,这种特质同样渗透到了美国创业环境当中,这种文化背景鼓励创业者去挑战、冒险,通过个人的创新、创意、努力获得成功,其中脸书的创始人扎克伯格最具代表性。同时,这种文化背景尊重冒险,同样也宽容失败,从而有力地激发了创业者的创造性和创业精神,进而形成了当下美国崇尚创新、崇尚创业的风尚。

(二)美国大学生创业教育对我国的启示

中国在经济社会发展进程中所遇到的问题往往可借鉴发达国家的成功经验,并根据中国实际国情加以解决。创业教育作为培养国家创新人才的重要手段,无疑可以引导大学生自主创业,在解决就业压力的同时,推动我国建设创新型国家的进程。我们应借鉴美国的成功经验,同时结合我国创业教育发展的实际情况,不断建立、完善具有我们自身特色的创业教育体系,必将培养出时代需求的创新人才。

1.加强政策引导,加大支持力度

创业教育是一个完备的教育体系,需要各级政府、多部门通力合作才能达到国家的既定目标,而不是单靠某一所学校、某一个政府机关就能在短时间内轻而易举实现的。国家、各级政府以及相关部门必须统一筹划,根据特定的国情制定相应政策,围绕国家目标引导高等学校大学生自主创业,激发大学生的主动性和创业热情。同时,政府要加大支持力度,可以通过科学研究计划资助形式鼓励有创业前景的大学生自主创业,并通过各级政府的企业创新孵化器等政府工程来支持毕业生创业。

此外,教育主管部门要制订科学的创业教育方案,构建合理的高校创业教育体系,在提供硬件条件、组织编写教材、培养师资队伍方面加大资金投入,鼓励教师到企业兼职。当学校创业教育达到学以致用,政府能够科学决策创业教育过程中的有所为有所不为时,整个创业教育体系便基本完善。

2.转变观念,完善管理体制

高校作为国家创业教育的重要基地,其创业教育理念、机制直接影响着教育最终结果的成败得失。高校应该通过观念的更新引导学生重新审视创业的含义,使其扭转对创业的偏见,使之由被动创业转变为主动积极创业。创业教育与社会上的就业培训不同,大学创业教育的价值取向在于培养创新人才,使大学生具有独立的创造意识和勇于探索的精神。因此,在创业教育过程中高校要为学生提供多元化的教学服务体系,这不仅能够保证学生业务知识水平过硬,而且能全方位地锻炼学生的综合能力,开阔他们的视野。高校只有意识到创业教育人才培养的重要性,才能有针对性地加以推动。

3.因地制宜,创新创业教学模式

创业教育的教学应该是全方位的系统过程,应该注重理论与实践相结合,注重知识的实用性,更要重视多学科的交叉融合,从而培养学生的创新精神。创业不仅仅拘泥于单一学科,创业的实践过程就是多学科交融的创新过程。我国地大物博,区域差异明显,因此,高校的创业教育应该有针对性地结合典型区域的经济、社会状况,因地制宜,避免模式化,鼓励多样性、创新性,建立具有特色的科学教学模式,推动产学研有机结合。只有通过实际成效正确地引导学生的热情,才能提升创业的成功率,增强榜样效应,形成良性循环。

4.加强创业教育师资队伍建设

从事创业教育的教师队伍在整个创业教育中起着至关重要的作用,教师队伍的知识水平、实践经验直接影响着学生的知识储备。从业教师的人生观、世界观、价值观直接影响着学生的价值取向和认知高度。只有拥有优秀的教师队伍才能真正拥有优秀的教育。创业教育师资队伍的建设应该具有持续性、实践性。相关部门和高校应该协调理论、教学、实践等多方面力量,通过多种培训方式增强教师业务水平,拓展教师相关领域的视野,为一线教师提供亲身参与创业或见证创业的机会,使其具备一定的实践经验。如通过设立研究培训机构,及时掌握各地区及国际创业教育发展趋势;参加或举办相关学术会议,使教学同行加深了解、促进交流,顺利开展创业教育理论及实践活动相关研究。总之,只有通过实践来了解国内外、各领域发展现状和趋势,并将知识、经验融入实际教学中,才能真真切切地推动我国创业教育顺利向前发展。

第三节 大学生创业能力概述

创业教育的开展是一个系统工程,培养学生的创业能力是其核心所在。大学生创业能力培养的首要任务是激发大学生的创新精神和创业意识,核心任务是引导他们学会更好地适应社会,为他们提供创业实习或实践的机会,使他们在"干中学",从而掌握真正的创业本领。

一、创业能力的概念

创业能力是创业教育中一个非常重要的概念。能力在心理学的定义是"从事某件事情或者某种活动所必须具备的心理条件,是个体比较稳定的心理特征"。创业能力(Enterprise Compentencies)的概念首次于1989年在亚太会议期间提出,学者王一兵将其译为"事业心和开拓技能"。创业能力是个体拥有的一种智力资本,其中包含个性、技能和知识,被视为创业者能成功履行职责的整体能力①,它对个体是否选择创业具有显著作用。②

理论界对创业能力的相关研究逐渐趋于成熟,具有代表性的观点有:Barney 首先从资源理论的角度来观察创业现象,提出了创业能力的概念:创业能力是公司超过对手模仿的、持续的创新能力③;Alvareza 则认为,创业能力本身是一种资源的整合能力④;而按照 Shane 的观点,创业机会探索和开发能力是最重要的创业能力⑤。斯腾伯格从心理学的角度来研究创业能力,他的成功智力理论指出,创业能力属于认知活动和情感意志活动相统一的范畴,是情感智力、意志智力和认知智力的有机融合,是非智力因素同智力因素整合的结晶,其本质上是一种成功智力⑥。

我国学者认为,可以从狭义上和广义上进行理解。从狭义上来讲,创业能力就是开创和经营公司所需要的能力。从广义上来讲,创业能力是一种高度综合和多元的能力。创业能力由机会探索能力和资源整合利用能力综合作用构成。郁义鸿、李志能等认为"创业能力是指在一定的条件下,人们发现和捕获商机,将各种资源组合起来并创造出更大价值的能力,即潜在的创业者将自己

---

① Man T. W. Y, Theresa, Lau, Chan, K. F. The Competitiveness of Small and Medium Enterprises:A Conceptualization with Eocus on Entrepreneurial Competencies[J]. Journal of Business Venturing,2002(17):123-142.

② Krueger, N. F, Reilly, M. D, Carsrud A. L. Competing Models of Entrepreneurial Intentions [J]. Journal of Business Venturing,2000 (15):411-432.

③ Alvareza S, Barney J. B. Entrepreneurial Capabilities:a resource-basedview. [M]. NewYork:Sage Press,2000:101.

④ Sharon A, Alvarezas, Lowellw et al. The Entrepreneurship of Resource-Basad Theory[J]. Journal of Management,2001(27):755-775.

⑤ Shane S. A. Prior Knowledge and the Discovery of Entrepreneurship Opportunities [J]. Organization Science,2000(4):448-469.

⑥ 斯腾伯格.成功智力[M].吴国宏,钱文译.上海:华东师范大学出版社,1999:103.

的创业设想成功变为现实的能力"①。

同样地反映在大学生创业能力方面,它既具有大学生群体所特有的内涵特征,又包含创业能力的一般认识和规律。比如说基于大学生创业能力的综合考虑,可以把它理解为以知识和学识为基底,良好的学术素养为依托,能够将学术资源转化为创业资本的一种综合能力或本领。

国内外的专家学者对创业能力的概念有多种不同的定义。因为创业能力研究本来就是一个多学科交叉的领域,来自不同学科背景的研究者会从各自的研究视角来探视创业能力在这一复杂创业活动中的方方面面,这必然会产生对创业能力概念的不同理解。虽然,国内外学者对创业能力概念的定义有很多,但是对以下3点已达成共识,得到了大家的普遍认同。

1. 创业能力是一个非常复杂的概念

创业能力是促成创业成功的重要因素,它由一系列的知识、技能和态度等集合而成,主要包括机会能力、概念能力、关系能力、战略能力、组织能力和承诺能力,因为它并非先天而生的,所以是可以通过后天学习获得的(Man,2012)②。换句话说,创业能力是一个多维度的指标,并且在维度层面和概念层面都是经过证实的③。

2. 创业能力是一个非常重要的要素

创业能力由创业主体拥有,是各种创业相关技能和能力的综合,是促进创业成功和创业企业成长的重要要素(高桂娟,苏洋,

---

① 李志能,郁义鸿,罗博特·D.希斯瑞克.创业学[M].上海:复旦大学出版社,2000.

② Man T W Y. Developing Abehaviour-centred Model Ofentre Preneurial Learning [J]. Journal of Small Business and Enterprise Development,2012,19(3):549-566.

③ 唐靖,姜彦福.创业能力概念的理论构建及实证检验[J].科学学与科学技术管理,2008(8):52-57.

2013）。创业学领域的领军人物杰弗里·蒂蒙斯认为,一个新创立的企业,带头创业者及其创业队伍的才能和行为,在很大程度上决定该企业能否成功(Jeffry A. Timmons,2002)[①]。由此可见,创业能力在创业活动中扮演着至关重要的角色。

3. 创业能力的提升是一个累积过程

俗话说,实践出真知。从文献资料梳理结果来看,国内外学者一致认同,创业能力是可以通过后天学习和努力建构的,而且这一过程需要不断累积,尤其是在创业实践活动中。作为一种综合能力的体现,创业能力核心要素的培育,要求要经过一个累积的过程才能实现。这些核心要素既可以是单独培育,也可以两种或两种以上共同实现培育养成。

二、创业能力的内容

专家学者研究问题的角度不同,因此对创业能力内涵的理解也不同。我们认为创业能力是一种具有较强综合性程度的能力,是人们运用知识和技能,捕捉机会,抓住机会,开创新事业、新领域从而顺利实现目标的一种综合能力的体现。创业能力具体体现在以下5个方面。

1. 创业意识

创业意识包括动机、兴趣、需要、理想、价值观等,它在一定程度上决定着是否有创业的想法和意愿。创业想法会激发创业潜能,能在就业或创业时,将自己的需要、兴趣、理想同社会环境结合在一起,通过努力来实现自己的人生理想。创业意识的形成,对以后实施具体的创业实践有着至关重要的作用。

---

① 杰弗里·蒂蒙斯.创业者[M].周伟长,译.北京:华夏出版社,2002.

2.创新精神与能力

创新精神是创业能力的基础,也是创业能力的灵魂。"创新"指通过对学生施以教育和影响,使他们作为一个独立的个体,能够善于发现和认识有意义的新知识、新方法、掌握其中蕴含的基本规律,并具备相应的能力。高等教育要发挥教育开发人的创造潜能的功能,启发学生的发散性思维,挖掘创新潜质,调动学生创新的主动性和积极性,着重研究和解决教育如何培养学生的创新意识、创新精神和创新能力的问题。

3.创业心理品质

健康良好的创业心理品质对创业的成功具有十分重要的作用和意义。创业心理品质主要表现在创业动机、创业意志以及创业心理等方面。要有一个良好的创业心态,勇敢坚强的意志和毅力,敢于克服困难,要有失败打不倒的精神状态。因为在创业过程中,尤其是对于经验不足的大学生来说,面对各种各样的艰难和困境是在所难免的,所以,良好的创业心理可以帮助他们顺利实现梦想与追求。

4.自我发展能力

自我发展能力包括自我发展、自我改进、自我更新的能力。在成就一番事业的过程中,创业者要完善自我,发展自我,时刻反省自己,善于总结经验教训,勇敢面对各种挑战和变化,使创业的企业具有竞争力。同时,要不断更新知识和技能,乐于接受新知识、新事物,捕捉各种机会,抓住机会,在实践中锻炼自我。自我发展能力的不断提升,是一个人各种能力提升的过程,是创业者不断成熟的过程。

5.专业知识和职业能力

创业知识和技能是大学生创业能力最核心的组成部分。作为创业者,除了要掌握创业的基础知识、财会知识、企业经营管理知识、税收知识、相关政策法规等综合知识外,还应该具备夯实的专业知识,具备适应社会主义市场经济的各种能力,如创新能力、市场开拓能力、人际交往能力、沟通协调能力、组织管理能力、选择决断能力及良好的合作能力等。除了高创造性外,还要具有良好的道德修养和积极进取的精神。

综上所述,我们可以将大学生的创业能力概括为:基于创业意识和创新精神上的,善于捕捉机会的能力、经营管理能力以及团队合作能力和承受挫折能力;能够不断进行自我发展,自我更新的学习能力,即是否愿意接受新知识、新事物及接受的速度和程度等。总之,创业能力是一种综合素质与能力的体现。

三、大学生创业能力的 SWOT 分析

SWOT 分析方法是一种根据研究对象自身的既定内在条件进行分析,找出其优势、劣势及核心竞争力之所在的战略分析方法。S 即 Strength(优势),W 即 Weakness(弱势);O 即 Opportunity(机会),T 即 Threat(威胁)。现将其运用到大学生创业能力的分析研究上面。我们需要全面了解大学生创业的优势、劣势、机会和威胁,从而找出大学生创业过程中存在的问题,并分析产生的原因,从而对症下药、解决问题。大学生创业能力 SWOT 分析结果如图 1 所示。

49

优势(Strength)	劣势(Weakness)
1.具备开拓精神	1.对未来充满希望,年轻有活力、敢于拼搏
2.学习了理论知识,掌握了先进技术	2.社会经验不足,盲目乐观,抗挫力较差
3.具有创新精神和奉献精神	3.创业动机不一、心理准备不足
	4.急于求成、缺乏市场意识及商业管理经验
	5.缺乏吃苦耐劳和持之以恒的精神
机会(Opportunity)	威胁(Threat)
1.创业商机和创业途径多	1.来自其他创业者的压力
2.国家政策的照顾	2.来自家庭的阻碍
3.学校创业教育和社会帮扶	3.失败的后果
4.专项创业基金	

图 1 大学生创业能力 SWOT 分析

第二章 相关概念界定

（一）优势分析

①大学生往往对未来充满希望，他们有着年轻的血液、充满激情，以及"初生牛犊不怕虎"的精神，而这些都是一个创业者应该具备的素质。

②大学生在学校里学到了很多理论性的东西，有着较高层次的技术优势，而目前最有前途的事业就是开办高科技企业。技术的重要性是不言而喻的，大学生创业从一开始就必定会走向高科技、高技术含量的领域，"用智力换资本"是大学生创业的特色和必然之路。一些风险投资家往往就是因为看中了大学生所掌握的先进技术，而愿意对其创业计划进行资助。

③现代大学生有创新精神，有对传统观念和传统行业挑战的信心和欲望，而这种创新精神也往往造就了大学生创业的动力源泉，成为成功创业的精神基础。大学生心中怀揣创业梦想，努力打拼，创造了财富。

（二）劣势分析

1.社会经验不足，没有充足的心理准备

大学生从小到大都依循了"从学校到学校"的发展路径，涉世不深，社会经验匮乏。大学生创业并不等同于办企业，大学生有激情、有创意，但对创业的认识相对浅显。创业更讲求实际操作性与可行性，没有社会资源与人际关系，要想从头设立并经营一家公司，相当困难。对于创业中的挫折和失败，许多创业者都感到十分痛苦茫然，甚至沮丧消沉。大家以前创业，看到的都是成功的例子，心态自然也都是乐观的。其实，成功的背后还有更多的失败。既看到成功，也看到失败，这才是真正的市场，也只有这样，才能使年轻的创业者们变得更加理智。

2.市场观念较为淡薄，管理经验不足

急于求成、缺乏市场意识及商业管理经验，是影响大学生成

功创业的重要因素。学生们虽然掌握了一定的书本知识，但终究缺乏必要的实践能力和经营管理经验。此外，由于大学生对市场营销等缺乏足够的认识，很难一下子胜任企业经理人的角色。不少大学生很乐于向投资人大谈自己的技术如何领先与独特，却很少涉及这些技术或产品究竟会有多大的市场空间。就算谈到市场的话题，他们也多半只会计划花钱做做广告而已，而对于诸如目标市场定位与营销手段组合这些重要方面，则全然没有概念，商业管理经验欠缺。

3. 缺乏吃苦精神、持之以恒精神

一份 4 099 人参加的"大学生创业调查"显示，7 成受访者认为，大学生创业的首要条件是能吃苦，其他条件分别是资金、政策支持、社会经验、市场把握、人际网络、技术、兴趣。当前，有相当一部分大学生创业失败的主要原因是害怕吃苦。缺乏吃苦精神有两种表现：一是选择工作时逃避既苦又累的岗位；二是工作中拈轻怕重，遇到困难极易退缩。

（三）机会分析

经过几年的发展，很多大学生在创业问题上已表现出理性的思考。清华创业园吴先生表示，有相当多的学生只是把参加创业大赛看作丰富课余活动，而不是随时准备休学跳进市场的海洋，这也是学生创业走向成熟的一个明显标志。当前大学生创业拥有难得的外部机遇。

1. 宏观经济支持

目前，我国宏观经济形势增长的态势越发良好，这就为我们大学生增加了很多创业机会。宏观经济环境的好转促进了第三产业的发展，尤其是在经济发达的大城市中，第三产业的产值占

GDP 的比重越来越大。① 第三产业的崛起为大学生创办高科技类企业和咨询类企业提供了难得的契机。在国家政策方面,从 2008 年开始,党中央、国务院高度重视大学毕业生的就业问题,出台了一系列鼓励高校毕业生自主创业的优惠政策,包括创业登记注册方面的优惠、对创业贷款的优惠、税收减免的优惠、为创业企业提供技术性指导和帮助的优惠。党的十八大提出了"做好以高校毕业生为重点的青年就业工作""鼓励青年创业""推动实现更高质量的就业"等一系列新任务、新要求。在这一背景下,大学生创业变得更加简单易行。

2009 年 2 月 10 日,工商部门推出八大鼓励创业新政策,其中,就大学生创业政策进行了解读和细化。② 除了对大学生群体个体经营实施取消工商行政收费"零成本"之外,还将就大学生创业设立有限责任公司实施注册资本"零首付"的优惠政策。新政策规定,毕业两年内的高校毕业生投资设立注册资本 50 万元以下的有限责任公司可"零首付"注册,自公司成立之日起 2 年内缴足注册资本。③ 政策出台后,每个大学生创业企业至少可降低 3 万元的最低创业成本,相关工商行政费用依然收取,这与大学生个体经营者免征行政费即"零成本"创业有所不同。为了避免有人冒充大学生享受优惠创业政策,工商部门要求去注册时必须是大学生亲自前往,在办理证照时工商部门会在注册系统中用特殊符号进行标注,以免创业市场混乱。为落实新政策,工商部门将实行"大学生创业跟踪联系"制度,开辟"绿色通道"、落实专人担任"创业联系人",为大学生创业提供事前指导、快速办结、定期联

① 刘世刚. 浅析大学生创业能力的培养[J]. 教育探索,2005(12):12-13.

② 杨伦超,莫光政,吴仕宇. 经济管理类大学生创业能力状况实证分析[J]. 广西财经学院学报,2007(5):116-121.

③ 陈仲华. 我国大学生创业现状及对策研究[D]. 大连:大连理工大学,2011.

系等全程跟踪服务。

2.大学生投资创业的优惠政策

为支持大学生创业,国家各级政府出台了很多关于大学生投资创业的优惠政策,涉及融资、开业、税收、创业培训、创业指导等诸多方面。对打算创业的大学生来说,了解这些政策,才能走好创业的第一步。根据国家和上海市政府的有关规定,应届大学毕业生创业可享受免费风险评估、免费政策培训、无偿贷款担保及部分税费减免4项优惠政策,详细包括:

高校毕业生(含大学专科、大学本科、研究生)从事个体经营的,自批准经营日起,1年内免交个体户登记注册费、个体户治理费、经济合同示范文本工本费等。此外,假如成立非正规企业,只需到所在区县街道进行登记,即可免税3年。

自主创业的大学生,向银行申请开业贷款担保额度最高可为7万元,并享受贷款贴息。

①大学毕业生做个体户一年免5项收费。

②大学生自主创业免费存档2年。

③只需凭借身份证及大学学生证即可创办企业。

④免费风险评估、免费政策培训、无偿贷款担保以及部分税费减免。

⑤低息贷款。

⑥大学生、研究生可以休学保存学籍创办高新技术企业。

⑦"彩虹工程"将通过多种方式帮助扶持大学生创业带头人。

⑧申请《自主创业证》将提供三大优惠政策:即优先受理,优先办照并简化登记手续;申请从事小规模私营企业的,实行试办期制,试办期间,免收注册登记费、变更手续费、年检费;减免企业所得税。此外还享受贷款担保,贷款金额一般在2万元左右。此证在3年内有效。

(四)威胁分析

威胁主要有以下 3 种。①来自普通创业者的竞争。普通的创业者有两种情况,一种是学历层次较低的群体为生计需要所进行的创业,如下岗工人、无业者等;① 另一种是已经在职场工作数年之后,积累了一定经验的创业者。后者本身具有较高的水平和能力,又拥有了相应的经验,因此比大学生创业有着较强的竞争力。②来自家庭的压力。据调查,在有创业想法的大学生中,一半以上的家庭不支持大学生创业,原因主要是担心大学生缺乏社会经验积累,容易受到挫折。③创业失败的后果。许多大学生之所以没有选择创业的想法,是因为担心创业失败后的出路无着落。② 尽管他们可以选择从头再来,但他们与自己的同学相比,既损失了数年的薪水,又要重新适应新的行业和新的工作。正是由于对这种失败结果的恐惧,许多大学生对自主创业望而却步。

---

① 杨晓慧.大学生创业能力培养的瓶颈问题与策略选择[J].中国高等教育,2010(18):42-44.

② 张鹏宇.我国高校大学生创业问题研究[D].大连:东北财经大学,2010.

第三章

大学生创业能力培养的理论基础

第一节　大学生创业能力培养的内涵

一、大学生创业能力培养的概念

大学生创业能力是创业能力的重要组成部分,是大学生群体的一项重要能力构成。由于创业能力具有比较丰富的内涵要素,如果从不同的研究视角进行定义,那么其概念和内涵也就有较大的差异。根据联合国教科文组织的概念,大学生创业能力培养包括意识层面和行动技能两方面的培养。其中,意识层面包括首创和冒险精神,行动技能层面包括创业的能力、独立工作的能力、技术能力、社交能力、管理能力。从我们的调查来看,大学生的创业热情很高,但是创业的实际能力还不足。因此,迫切需要家庭、高校、政府以及社会大环境的支持和帮助,不断增强大学生的创业能力。

1998 年 10 月世界高等教育大会宣言《21 世纪的高等教育:展望与行动世界宣言》第 7 条指出:"为方便毕业生就业,高等教育应主要关心培养创业技能与主动精神,毕业生不仅仅是求职者,更是工作岗位的创造者。"特别提出"把创业能力的培养作为'第三本教育护照',要求把事业心和开拓技能教育提到与学术性和职业性教育护照同等地位"。①

综上所述,大学生创业能力是一个要素系统,由创业意识、创新能力、沟通能力、团队协作能力和风险感知与决策能力这五大要素构成,其中创业意识作为创业的内部动力,起着关键作用。本研究认为,大学生创业能力是指在校正在接受大学教育的学生以及刚毕业还没有找到工作的学生,通过学校、社会、家庭等的教育,发现和捕获商机,将各种资源组合起来并创造出更大价值的能力,即将自己的创业设想成功变为现实的能力。

二、大学生创业能力培养的目标

大学生创业能力培养同其他的教育工作一样,是系统的、复杂的,具有严格的结构体系。大学生创业能力培养的总体目标是:根据我国国情,通过高校创业教育、国家政策等途径,以提高大学生创新创业能力为目标,转变思想,掌握自谋职业的本领,使他们更多地从"等、靠、要"到自主创造,为我国各行各业培养出更多创新人才。具体目标是培养大学生的创业精神,丰富大学生的创业知识,健全大学生的创业心理,提高大学生的创业能力。

专家指出,大学生是创业能力培养的目标对象。创业的最佳年龄一般为25~30岁,人在30岁以前是最有创新精神的,这个时期是创新思维最为活跃、精力充沛、最好动脑筋、创造欲最强的高峰期。尤其是在网络软件、广告、策划、咨询、证券、投资等知识密

---

① 杨伦超.经济管理类大学生创业能力要素体系探索[J].教育与职业,2008(14):158-160.

集型行业,经验已经没那么重要,重要的是创新精神。大学生符合这些特征。因此,大学生是创业能力培养最合适的对象。

三、大学生创业能力培养的核心要素

基于创业过程模型,威克姆认为创业者应该具备的能力包括:领导与激励能力、计划与组织能力、决策能力和创新能力。联合国教科文组织亚太地区办事处(1989)认为,创业人员应该具备创造力、创造精神、学习能力、团队合作精神、技术能力、问题解决能力、信息收集能力和敏锐的洞察力等。

我们国家的研究学者也对此进行了研究,并形成了一些被广泛接受的研究成果,例如有些专家学者认为,创业能力由专业职业能力、创业认知能力、创业自主能力、社会能力和创业竞聘能力构成(陈秀珍,2007);也有人对此进行丰富和调整,得出创业能力由创业意识、创业精神、创新能力、创业心理素质、资源获取与整合能力、企业运作与市场开发能力等组成。

当然,在我国现阶段,社会上一些成功的企业家或创业家也各自提出了对创业和创业能力的理解。

据此,笔者总结出我国大学生创业能力培养的核心要素应包括:创业意识、创新能力、沟通能力、团队协作能力、风险感知与决策能力。

1.创业意识

创业意识是指人们从事创业活动的内驱动力,是创业活动中起动力作用的个性因素,是创业者素质系统中的第一个子系统即驱动系统。如果大学生不满足于目前现有的条件,有强烈改变现状取新条件的需求,这就是创业实践活动赖以展开的原动力。这种意识是创业实践活动的内部动因。有了这种意识,才会促使创业行为的产生。创业者的兴趣和理想都属于创业意识,这些都

57

是促使创业者突破传统的生活模式,想结合自己的专业、自己的兴趣以及自己的理想创业的动力。大学生创业,可以从小投资开始,选择务实的项目,逐步积累经验。没有资金,没有人脉都不要紧,关键是要有好的思路和想法,有勇气去迈出第一步,才会成功。

2. 创新能力

创新学派的典型代表——熊彼特,提出创业活动是经济体系发展的根源。创新,作为创业的核心内容更是发挥着重要作用。创业者要想实现商业利润的可持续,就必须通过诸如创新产品营销模式,或者创新管理体制机制等创造性的商业活动,这一系列的商业动作都必须依靠创新能力来实现。具体来讲,我们国家一直倡导通过素质教育来增强各级各类学生的创新能力或创造能力。首先,更新思维方式,勇于担当,敢于面对各类挑战;其次,能够做到独立思考,面对问题不惧怕,能够找到有效的应对办法;最后,要不断尝试新鲜事物,这对创业能力的培育至关重要。创新能力的培育和提升,不是一朝一夕就可以实现的,也不是一个人就可以获得的,需要社会的各个环节共同努力来实现。

3. 沟通能力

在 Timmons 模型中,沟通能力是创业者用来争取创业资源支持的必备要素,尤其是面对发展潜力较好的商机,创业者要想获得投资者、合伙人和其他参与者的帮助时,这就需要创业者具有非常好的沟通能力来实现,说服相关利益者共同加盟,并以此产生源源不断的支持创业的力量和行动。不过,要想短时间提高沟通能力是不大可能的,它需要一个日积月累的过程。因此,为了提高创业成功的可能性,作为一名具有创业意愿和动机的大学生,应该时刻准备着利用一切可利用的机会和条件,积极主动地锻炼自己,以此使自己拥有良好的沟通能力。

4.团队协作能力

所谓团队协作能力,是指建立在团队的基础之上,发挥团队精神、互补互助以达到团队最大工作效率的能力。对于团队的成员来说,不仅要有个人能力,更需要有在不同的位置上各尽所能、与其他成员协调合作的能力。创业不是靠一个人单打独斗完成的,往往是一群人基于共同的愿景,凝聚成一个创业团队,向着共同的目标迈进。没有完美的个人,只有无敌的团队。团队中的个人能力取长补短,相互协作,就能造就出一个好的团队。俗话说:"三个臭皮匠赛过诸葛亮",团队中大家思想碰撞能产生更多智慧的火花。在创业中,每一个创业者都必须意识到团队协作的重要性,并在遇到困难和挫折时,每个人都要有大局意识,保持对团队成员的包容、尊重和信任,这样我们的创业工作效率才会有所提高,创业才能获得更大成功。

5.风险感知与决策能力

斯特金等人认为,风险感知就是在特定情境下,个体对风险的评价。在激烈的竞争环境中,大学生创业者总是要时刻在风险情境下做出决策。那么,个体风险感知能力的高低,就会对决策方案的选择产生较大差异。换句话说,创业者个体风险感知的水平,会导致其在不同时期做出不同的选择。风险感知与决策能力的提升也不是一朝一夕的事情,其提升伴随着创业过程的发展。而且,在不同的社会环境中,创业者应该根据创业资源的利用情况做出价值最大化或者损失最小化的科学变化,使自己的创业组织取得竞争的胜利。作为一名具有创业意愿的在校大学生,对于个人来讲,可能遇到各类突发事件,如何提升自己这方面的能力,就需要借助各种教学模拟平台,比如 ERP(Enterprise Resource Planning)企业资源计划平台,它可以帮助我们在风险情形下模拟做出正确及时的决策。另外,同时要注重加强大学生的风险教育。通过各类课程来增强其风险意识、提高其风险感知与决策的能力,应成为高校创业教育中的一个重要环节。

四、大学生创业能力培养的特征

在大学生创业的过程中,创业能力是一种核心要素。大学生创业能力的培养不同于一般能力的培养,它是与大学生自身心理特征和社会实践活动等相关的一种综合能力,因此,大学生创业能力培养具有以下5个特征。

1.智能性

创业活动的开展必须以个人的智力为基础。智力不仅仅是我们所说的智商,还包括观察力、记忆力、想象力、注意力等。在具备良好智力的基础上,形成了创业所需的认知能力、自主能力、社会能力等。在这些能力的结构中,如果没有智能发挥作用,各种能力无法协调和整合,创业中出现的问题也无法解决。因此,在大学生创业能力培养的过程中要注重智力的开发,协调各种能力。

2.创造性

创业活动的本质是创新和创造,它要求创业者在面对突发问题时能及时发现问题,快速做出适当的决策,创造性地解决问题。大学生创业能力培养主要是培养学生的创造性思维和人格。创造性思维具备创造性活动中表现出的新颖独特且有意义、灵活性强、分析思维与直觉思维的统一、发散思维与聚合思维的统一等特点;创造性人格具有健康的情感、坚强的意志、刚毅的性格、良好的习惯、积极的个性意识倾向等特点。创业能力的创造性特征在创业活动中能得到不断提升。

3.综合性

创业能力培养内容包括创业意识和创业精神的培养、专业知识技能的培养、工作方法能力的培养、社会能力的培养等。创业能力的各个要素均有其独立的地位和功能，这些要素相互依赖、相互作用，从整体上决定了创业能力水平。因此，对大学生创业能力的培养既包括思想、意识的培养，又包括知识、技能、实践能力的培养。

4. 个性化

每个人的心理素质不同、性格不同，从而决定了创业者的能力也是因人而异的。因此，创业能力的培养要具有个性化的特征。不同的人心理素质不同、个性不同，他们为创业付出不同，发挥创业能力的程度就不同，得到的结果也是不同的。所以，对大学生创业能力的培养要针对不同的人群而定，不能千篇一律，搞"一刀切"。

5. 实践性

实践性是创业能力培养的一个重要的特征。大学生在具备了一定的知识技能后，需要在实践活动中进行发挥，否则就是纸上谈兵。并且实践活动能充实大学生的知识和经验，反过来又会促进创业活动的进行。创业实践活动犹如一个舞台，为创业者提供了一个展现和发挥自我能力的平台。因此，大学生创业能力培养必须要为其提供这样一个舞台，使创业者在实践活动中不断开发自己的潜能，最大限度地发挥自己的创业能量。

五、大学生创业能力培养的主要内容

创业要比一般的工作更为复杂，它受多方面因素的影响，需要创业者具备全面的能力。创业活动的成功与否在很大程度上取决于这些能力。因此，对大学生进行创业能力的培养要全面具体，主要包括以下4个方面。

61

1. 创业意识和创业精神的培养

"意识对物质具有反作用",意识是一种蕴藏于我们头脑中的精神能量。因此,创业意识和创业精神是决定是否创业的关键因素。创业意识包括创业动机、意向、需要、信念等;创业精神包括坚强的意志、勇于奉献的精神、远大的理想等。我国教育体制和传统观念的积弊,导致大学生们普遍缺乏创业意识和创业精神,不愿、不敢去拼搏,总希望寻求一个"铁饭碗"。树立创业意识,可以培养大学生百折不挠与无私奉献的精神,在复杂的环境中锻炼自己的品质,更好地实现自己的人生价值。

2. 专业知识技能的培养

创业不仅要求大学生要了解相关的专业知识,更要求大学生具备处理实际问题的能力。因此,大学生在校期间应该学好自己的专业知识,掌握专业技能。专业知识技能包括经营管理知识、法律知识、实验室操作实验等理论和实践的知识。同时,要具备收集和分析案例的能力,为自己的创业作好铺垫。

3. 工作方法能力的培养

工作方法能力是指大学生在创业过程中分析问题、解决实际问题的能力。工作方法能力包括决策能力、组织能力、管理能力、开拓市场的能力、创新能力等。决策能力培养的是大学生在复杂的环境和情境中当断则断,当行则行,当止则止的能力;组织能力培养的是大学生在工作中做到统筹兼顾、合理安排、步调一致的能力;管理能力培养的是大学生对人、财、物的合理使用和支配能力;开拓市场能力培养的是大学生抓住市场机遇,销售企业产品和服务,拓展和开发市场的能力;创新能力培养的是大学生与众不同、勇于创新、开拓进取的能力。

4. 社会能力的培养

社会能力是指大学生在创业过程中,接触社会,与人打交道的能力以及对问题和风险的承受能力。具体包括人际交往能力、表达能力、团队合作能力、承受挫折的能力。人际交往能力是指创业者在创业活动中对内协调处理好和下属各部门、各成员之间的关系,对外妥善处理与公众(政府部门、新闻媒体、消费者等)之间关系的能力;表达能力包括口头和书面的表达能力,人际交往和表达能力培养的是大学生的沟通能力;团队合作能力要求创业者与合作者、雇员、有关的机构以及同行的合作能力,它培养的是大学生与他人合作共事,和睦相处的能力;承受挫折的能力是指创业者勇于面对失败和挫折,具备坚强不屈的毅力,它培养的是大学生乐观的人生态度和奋斗拼搏的勇气。

第二节　大学生创业能力培养的必要性

一、大学生创业能力培养的趋势

时代不断进步,未来教育在知识经济时代的背景下所培养的学生,应必备创新与创造的素质与技能,才能不被这个科技日异月新的时代所淘汰。创业的过程即创新与创造的过程,培养学生的创业能力已成世界教育的发展趋势。促使这个趋势发展的诱因主要有两个方面:一者,是高等院校本身的功能改变;二者,是政府与教育组织为了解决就业问题实施的作为。在高校功能层面,印度教育家阿莎·古达认为:"传统大学所要做的是帮助学生形成在某个社会生活阶段所特需的世界观、价值观和技能,而现代大学却需要培养学生具备能在全球买卖的'技能'。伴随着高等教育全球化、自由化和私有化的发展,传统大学的崇高地位和声望不再稳如泰山,不再是'象牙塔',大学已经不是'为知识而知识'的机构了,它必须培养劳动力智力资源,创造能够转化为'技术''组织智慧''生产力'的知识。如此一来,我们发现大学正迅速地'由知识的庇护所'转变为'新知识的生产者',对学生不再仅仅传授关于创业的知识,还应教他们如何创业。"①

　　解决青年人的就业问题,历来都是各国政府所密切关注的社会问题,随着经济全球化进程的加快,以及经济体增长速度的减缓,青年大量失业,也成为各国所面临的严峻的问题。为了应对青年人就业问题,早在 20 世纪 80 年代,美国的创业教育兴起,并成功在百森商学院、哈佛商学院、麻省理工学院等一些著名院校中开展,并形成了完备的学科体系。英国、德国、法国等一些欧洲国家,日本、印度、新加坡等一些亚洲国家纷纷提出要将美国的经验引入本国,倡导培养学生创业能力,实施创业。印度政府在1986 年颁布的《国家教育政策》中就提出明确的要求。印度科技部于 1982 年成立了"国家科技创业人才开发委员会",实施科技创业人才开发计划,旨在开展提高大学生创业意识的科技创业活动,主要为大学生提供与企业家、银行家以及研发专家交流的机会,使大学生接受创业意识的熏陶,播下创业的种子。在德国,1998 年德国大学校长会议和全德雇主协会联合发起"独立精神"的倡议,呼吁在全国范围内创造一个有利于高校毕业生独立创业的环境。在日本,国会 1998 年就通过了《大学技术转移促进法》,并在高等学校倡导创业教育。② 自此,采取提高青年的创业能力、扶持青年人创业,已然成为各国解决此类社会问题的有效方法。

---

　　① 阿莎·古达,徐小洲,黄艳霞.建立创业型大学:印度的回应[J].教育发展研究,2007(21):46-50.
　　② 柴旭东.中国、美国和印度三国大学创业教育比较[J].高等教育管理,2009,3(1):85-92.

联合国教科文组织总部于 1998 年 10 月 5—9 日,在巴黎召开自该组织成立 50 年来首次世界高等教育会议,由 115 位教育部部长,2 800 多名高等学校校长以及教育专家参加,发表了《21 世纪的高等教育宣言:展望与行动世界宣言》,明确地提出:培养学生的创业技能,应成为高等教育关心的问题。

这股世界范围的教育思潮为我国开展创业教育,为提升学生的创业能力提供了有利的环境和理论指导。我们应该把握住这一历史机遇,推动我国高职院校培养学生创业能力事业的发展。

二、大学生创业能力培养的政策保障

(一)国家政策

随着经济形势的变化,以及鉴于国外高校在培养人才方面的发展趋势,2008 年以来,在党中央、国务院的号召下,开展创业教育、培养学生创业能力在我国得到了一定的发展。其中为了缓解就业压力,促进大学生更好地实现创业,2009 年国家相继出台了许多优惠政策,涉及融资、贷款、项目选择、创业培训、创业指导等诸多方面。例如在税收方面,国家工商总局做出规定,根据创办的不同类型的企业给予相应的税收减免,大学毕业生新办咨询业、信息业、技术服务业的企业或经营单位,经税务部门批准,免征企业所得税两年,新办从事交通运输、邮电通信的企业或经营单位,经税务部门批准,第一年免征企业所得税,第二年减半征收企业所得税等。

另外,温家宝总理在 2009 年第十一届全国人民代表大会第二次会议上所作的《政府工作报告》中提出,要大力支持自主创业,促进以创业带动就业。同时地方政府为了细化、贴近现实地扶持当地大学生创业,也出台了相关的政策法规。在河北,河北省人事厅出台的《关于促进全民创业的若干措施》(以下简称《措施》），省各级人事部门将为在河北创业的高校毕业生，提供全方位人事代理服务。对2008年及以后毕业的高校毕业生免收2年人事代理费用，5年内免费登记求职；在税收政策方面，根据省财政厅出台的《关于鼓励支持和引导全民创业财税政策措施的意见》，所创企业凡从事农、林、牧、渔业项目所得，从事符合条件的环境保护、节能节水项目的所得，均可免征、减征企业所得税；贷款融资方面，对符合贷款条件的主要创业人员，贷款额度由原来的最高2万元提高到不超过5万元；对符合条件从事个体经营（国家限制的行业除外）的个人和劳动密集型小企业，在贷款期内均给予全额贴息，贷款期满后，可延期1年，延期内不贴息。

事实证明，国家出台的一系列政策支持为大学生创业给予了极大的支持，鼓舞了学生们的创业激情，为大学生的创业能力培养提供了良好的外部保障。

（二）重庆市扶持政策

为了鼓励大学生创业，提高大学生的创业能力，2018年，重庆政府推出了以下一些优惠的扶持政策。

1. 在支持大学生创业培训辅导方面

每年重庆市中小企业局委托重庆市电大企业管理学院举办创业者培训班，采取政府买单的方式，在国家专项资金的支持下，按照国家创业培训标准课件对创业者进行免费培训，并邀请成功企业家介绍创业经历，结合学员自身创业规划进行创业项目研讨，专家进行点评，使创业者具备创业所必备的知识，掌握创业所必备的流程，增强创业所必备的能力。每年培训时间通过市内各大媒体发布，若想参加，请将你欲创业所涉及的行业和方式的方案策划书交到报名点，通过专家审核后即可参加培训学习。

重庆市劳动就业主管部门受联合国国际劳工组织的委托每年将举办SYB培训班。SYB（START YOUR BUSINESS，创办你的企业）创业培训是 SIYB（START AND IMPROVE YOUR BUSINESS，创办和改善你的企业）体系中的一个模块，SIYB 体系是国际劳工组织（ILO）和中国劳动和社会保障部积极倡导的专门为创业者、中小企业量身定做的社会化创业全程扶持指导体系，目的是以创业促进就业。

2.在大学生创业资金支助方面

（1）小额担保贷款

申请条件:重庆市申请小额担保贷款必须是登记失业（包括往届）的大学毕业生,身体健康、诚实守信、具备一定劳动技能、经过再就业培训;属所在社区居委会的常住户口,合伙经营实体或小企业必须有固定的经营场地和一定的自有资本金;其从事的经营项目必须是微利项目（国家明文限制的行业如建筑业、广告业、桑拿、按摩、网吧、氧吧,以及经营类似项目的如美容、美发、水吧、酒吧、洗脚,从事金融保险业、邮电通信业、娱乐业以及销售不动产、转让土地使用权等除外）。合伙经营实体或小企业申请小额担保贷款可参照个人申请小额担保贷款的条件办理。

办理贷款额度:①申请小额担保贷款原则上在 2 万元以内,大学生自主创业并吸纳下岗失业人员 2 人以上,贷款额度可放宽到 5 万元;②合伙经营实体或小企业吸纳下岗失业人员后申请小额担保贷款,按人均 2 万元计算,原则上不超过 40 万元。

优惠政策:利用小额担保贷款从事微利项目的,由财政据实全额贴息。微利项目由市就业再就业办、市财政局会同有关部门确定。小额担保贷款额度一般掌握在 2 万元左右。贷款期限为 1 年,结清前次贷款本息后可申请续贷,续贷期限不超过 1 年。续贷期满后还需贷款的,可展期 1 次（展期不贴息）。

（2）"阳光行动"重庆青年创业贷款

团市委和重庆银行联合启动"阳光行动"重庆青年创业贷款

项目,为全市青年创业者提供 10 亿元的无息创业贷款,助有志创业的青年解决创业融资难的问题。

申请的基本条件:所经营的项目符合国家有关政策、法规,并且投资少、风险小、见效快、收益好,具备按期还款的能力。申请者有固定的经营场所,能提供具有一定自有资金的存款证明。申请人要经过就业培训,无不良信用记录。同时,借款人还要提供抵押、质押、保证等一定的担保方式。个人最高可贷到 5 万元,合伙经营实体最高可贷到 40 万元,借款期限最长不超过 2 年,只要还款,由财政给予 100% 的贴息。

青年创业贷款申请方式:大学生申请青年创业贷款必须到自己户口所在的居委会领取专门的审查表,经居委会初审之后,再报街(镇)审查,最后由各区县审查汇总到重庆银行经办支行。银行对申请人的材料进行审核并通过之后,会通过居委会通知申请人前往银行签订借款合同,然后发放贷款。

除此之外,市内外的一些风险投资公司也在我市开展了针对大学生创业的项目扶持工作,但其主要侧重于科技含量较高的技术开发和研发,获取其进行风险投资的难度相对较大。

(3)充分利用校园资源和平台

许多大学目前都会举办一些有关创业的竞赛。学校教师或者当地的企业会在竞赛中对学生的创业计划进行评价。这样的竞赛通常会要求参加者向评委和观众展示其创业计划,为学生在筹集启动资金前修整自己的计划提供了一个很好的平台。这样不仅展示了自己的创业构思,也获得了创业资金。所以说抓紧机遇太重要。

即使没有赢得竞赛的支持,你仍然可以想办法利用学校里一切可以利用的资源来帮助你获得成功,比如利用学校的工作室,或与校友联系寻求指导和资金帮助等。社交网络也是学校创业中的一个越来越重要的部分。很多学校都为学生提供愿意帮忙的校友名单,创业的学生可以寻求他们的建议,得到资金上的帮助,甚至有些校友还会愿意和他们一起创业。

国家和地方政府出台的这一系列相关政策和措施都使高职院校的创业教育又站在了一个新的历史起点上。虽然,政策的支持不是开展学生创业教育的根本,根本是培养学生具备创业素养与技能,但是政策确实为培养学生创业能力制造了一个良好的空间,解决了学生们的后顾之忧,作为高职院校的创业教育,则需要在新的发展时期面对机遇,迎接挑战,以更积极主动的姿态全方位地投入到伟大的创业实践中。可见,培养大学生具备一定的创业能力是历史发展的必然,应该成为高职院校教育改革和发展的重点。

三、大学生创业能力培养的必要性

创业教育注重创业知识的传授、创业精神的激发、创业素养的开拓、创业能力的培养等。创业能力作为创业教育的重要组成部分,是创业教育实施的核心,因为创业教育的最终目标便是通过教育,培养学生应有的创业思维、创业意识、创业技能等综合素质,最终形成学生的创业能力。因此,高职学生的创业能力培养具有十分重要的意义。

1. 缓解不断增大的社会就业压力的需要

随着当前各高校的不断扩招,对于大学生而言,就业压力也逐渐显得更加突出。面临供给侧结构性改革,由于大学生没有具体的工作经历与实践经验,从而导致就业形势变得十分严峻。

国家统计局公布:2018 年全年中国城镇新增就业 1 361 万人,同比增加 10 万人,高校毕业人数达 820 万人。2019 年,我国的就业总量压力不减,需要在城镇就业的新成长劳动力仍然保持在 1 500 万人以上,特别是高校毕业生数量达 834 万人,再创新高。据统计,近 5 年来,我国每年新增就业岗位大约为 1 000 万个,每年新增就业人员超过 1 200 万人,目前还有约 800 多万应届大学毕业生等待就业。因此,我国社会的就业压力越来越大。在这种情况下,培育和提升当代大学生的就业能力就显得十分迫切。当前,国家与政府大力倡导、鼓励大学生选择自主创业,而且还发布了很多优惠政策,其中主要包含工商、税务、信贷及其创业教育等各个方面。这对大学生进行有效引导,进而使其树立正确的择业观念、职业理想及勇于开拓的创业精神,以此促使最新科技成果的顺利转化具有积极作用,以使大学生的综合素养与创业能力得到进一步提升。这对于大学生积极参与社会竞争以及缓解社会就业压力均有着重大意义。

2. 适应社会主义市场经济发展的需要

在改革开放的条件下,我国社会主义市场经济正在健康稳定地向前发展。市场经济的蓬勃发展,需要更多的人参与到创业的洪流中去,市场经济迅速发展,各行各业都需要更多的人去创业,市场经济的持续发展,给广大创业者提供了广阔的创业舞台。高职院校的人才培养目标定位便是为经济发展培养生产、管理、服务第一线,具备综合职业能力和全面素质的高等技术应用型人才。因此,高职院校学生应具备经济与科技发展所需要的知识与技能。培养学生的创业能力,使学生具备创业所需要的创业知识与素养,并成功开展创业,不但可以将自身所学到的技能应用到实践中去,还可以促进新技术的开发,促发新的科技成果转化,繁荣社会主义市场经济。因此,培育和提升当代大学生的创业能力,是适应社会主义市场经济发展的客观需要。

3. 办好我国高等教育的需要

传统的高职院校教育培养机制,过于注重对学生专业知识的教育,过于追求实用和功利价值,忽视学生自主意识、理性精神、善于求变习惯的培养,而这些品质正是促使学生形成塑造精神、形成创业能力的基石,从而使学生成为"技术奴隶"。我国传统教育培养机制中创业方面的教育很少,这与我国传统的教育观念如出一辙,不管是学校层面还是家庭层面,对我们的教导大多是:"在学校好好学习知识,将来毕业了可以找个好工作","毕业了找一个安稳的工作才是正统的事情,而创业则属于'不务正业'",显然这些观念不适应社会的要求,是陈旧的、过时的。《国家中长期教育改革和发展规划纲要(2010—2020年)》专门提到了转变教育培养机制,培养创新人才的重要性和紧迫性。当今世界处在大转变、大调整阶段,全球经济不断向多元化、全球化方向深入发展,科学技术飞速发展,人才竞争日益激烈。我国也同样处在改革发展的关键时期,随着我国的国际化进一步发展以及经济发展方式的转变,突显出具备高素质创新、创业素质人员的缺乏,暴露出我国在教育培养机制方面的相对不完善。

面对人才竞争激烈的社会形势,培养什么样的人才才能满足社会的需要?美国哈佛大学前校长尼尔·陆登庭在谈到大学对培养人才所面临的挑战时提到,社会所需要的人才不是具备了高超的技能就是一个完善的人,一个符合社会需求的人才,他同时还必须是一个具有学习能力、实践能力、创新能力,不但能做事还同时会做人,能够生存生活,懂得主动适应社会的人才。作为以培养学生成为高技能人才为培养目标的高职院校,在面对当前形势时,需要尽快找准人才培养的定位,积极进行培养机制的改革。

随着我国高校的扩招,高等教育已经从精英教育转化为大众教育,我国已经成为高等教育规模最大的国家。在这种情况下,提升我国高等教育的质量就显得十分紧迫,而要提升我国高等教育的质量,重视培育和提升当代大学生的创业能力就是其核心内容。在高职院校开展创业教育,传授学生创业知识,激发学生创业的精神、培养学生的创业能力,不断完善学生的创业思维、创新意识的综合素质,这是办好我国高等教育的需要,是学校教育改革和发展不断深入的需要。

4. 实现高职学生人生价值的需要

从一定程度上来讲,每个人在现实社会中都想通过自身的努力实现最大限度的价值。然而,在如今这个经济全球化、信息网络化和科技信息化充斥的知识经济背景下,社会对人才的要求越来越高,高等教育的大众化进程,在提升高校学生入学率的同时,给学生就业带来了很大的难度。计划经济体制下,社会的就业岗位与大学毕业人数的关系是稳定的,不存在供大于求的现象。随着社会的发展以及经济结构的调整,已经不存在计划分配这种体制。高校毕业生在走入社会时必须面对严峻的就业形势、生存压力,想找到一份自己喜爱又能实现自身价值的工作岗位实属不易。高职院校如果能够面对这些挑战,及时改革,以创业教育为后盾,提升学生的创业能力,就能让学生具有别人无法获得,也无法替代的核心竞争力。学生可以通过自己的核心竞争力,即创业能力来寻找和创造出新的岗位。而这些新生岗位的创造,不仅可以解决自身的生存问题,同样可以帮助他人获得工作岗位从而创造社会价值。我们应该得出,对于一个怀有强烈的民族责任感和使命感的创业者来说,创业的过程也是融合实现人生价值和奉献社会的过程,而一个高职学生如果具备了应有的创业能力,也就具备了实现人生价值的前提。同样,创业的过程本身就是一个创新、创造的过程。学生进行自主创业,将自己的所学到的专业技能投身到自己爱好的领域并与市场需求相适应,取得成就,从而实现自身的价值和人生抱负。美国心理学家马斯洛提出了人类五大需求说:生理需求、安全需求、爱和归属需求、尊重需求,自我实现需求,其中也体现着创业者通过自身的艰苦奋斗实现创业的成功,获得荣誉,赢得世人的尊重,实现自身的内在需求。所以,高职院校如果能在培养具有创新精神与创业能力的综合性人才方面做足功课,那么培养的学生就更有可能具备创新精神与创业能力,并且能够自觉地将为社会奉献、实现个人的社会价值有机地结合在一起。

四、大学生创业能力形成机制

大学生创业能力的培养应以知识、技能、观念、精神状态和健康等方面的培养为着力点,按照创业过程(商机识别、创业构想、组织创建及企业运营管理)的要求,不断提升大学生的资源整合能力。同时,培育大学生的创业能力还要考虑社会的现实需求和当前大学生创业能力同现实之间的差异性,进而有针对性地培养其创业能力。在能力培养过程中,创业实践尤为关键,它是促进创业知识演变为创业技能并最终转化为创业能力的重要手段。并且,在这种转化过程中,大学生的体能、意志、兴趣和动机等非智力因素发挥着推动作用,它们往往决定着大学生创业能力形成的快慢、高低和优劣。基于此,应从学习、实践及环境 3 条关键路径着手培养、提升大学生的创业能力,如图 2 所示。

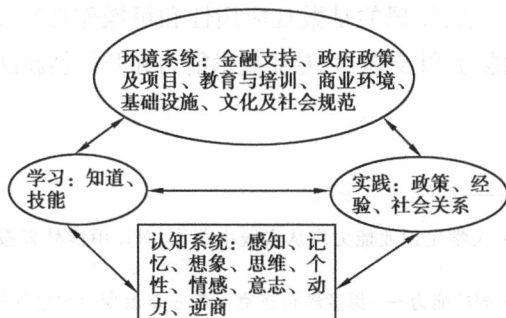

图2 大学生创业能力形成机制

第三节　大学生创业能力培养的依据

一、大学生创业能力培养的理论依据

(一)创业能力结构理论与大学生创业能力

西方企业管理大师多从成功企业家具备的素质来诠释创业能力的构成。史蒂夫·马若提列出了 12 种被普遍认为是创业者需具备的能力和素质：适应能力、竞争性、自信、纪律、动力、诚实、组织、毅力、说服力、冒险、理解和视野[①]；杰克·韦尔奇提出，领导应具有精力、锐利、激励与执行力四大潜质[②]；国内学者马鸿佳等指出，应该从构建与提升网络能力的视角来改善创业能力[③]。

可以从理论意义和实践意义两个维度来理解大学生的创业能力结构。前者强调理论素养，体现的是宏观能力结构和思维策略，包括创业知识、开放眼光、决策力和战略思维等方面；后者则更注重实用价值，体现的是微观应用性和可操作性特质，包括组织经营管理能力、社交能力、专业技术能力和开拓创新能力等。

---

①　贾少华.大学生创业能力应从实践中获取[N].中国教育报,2009-01-19(002).

②　龚惠永.赢的能力——深度解析杰克·韦尔奇改变通用电气的 12 种能力[M].北京:中国三峡出版社,2006.

③　马鸿佳,董保宝,葛宝山.高科技企业网络能力、信息获取与企业绩效关系实证研究[J].科学学研究,2010,28(1):127-132.

(二)人力资本理论与大学生创业能力

西奥多·舒尔茨认为,人力资本是对人的投资而形成并体现在人身上的知识、技能经历、经验和熟练程度等[①];在贝克尔看来,人力资本主要包括知识、信息、教育、培训、技能、观念、精神状态、卫生、健康等方面,并且精神状态是人力资本当中最重要的方面;而 Johnston 则指出,与经济活动相关的个人所凝结的知识、技能和其他品质就称为人力资本[②]。

创业能力是大学生顺利完成创业活动的能力,是由人力资本投资形成的、凝结在自身身上的知识、技能及经验等方面的能力综合系统,大学生人力资本存量的高低制约着其创业能力的强弱。

(三)创业过程理论与大学生创业能力

从 Wickham 提出的创业过程模型[③](图3)可以看出,创业者在创业活动中处于中心地位,其主要任务是识别和抓住商机,整合、配置创业资源,设立和管理创业组织。而创业者经营管理的重点在于有效地整合资源,设立和运作组织,以求得资源、商机、环境、组织之间的动态平衡。同时,创业过程是一个在成功与失败之间不断地学习和演进的过程;创业型组织是一个学习型组织,通过在"干中学",使组织的结构得到不断的改进和优化,使组织的绩效得到不断的超越。

---

① 西奥多·舒尔茨.论人力资本投资[M]吴珠华,译.北京:北京经济学院出版社,1990.

② DAVID P. L. ,SCOTT A. S. The human Resource Architecture:Toward a Theory of Human Capital Allocation and Devolopment[J]. Academy of Management Review. 1999 (24):58-60.

③ WICKHAM B. G. A Conceptual Framework for Describing the Phenomenon of New Venture Creation[J]. Academy of Management Review,1985,10(4):696-706.

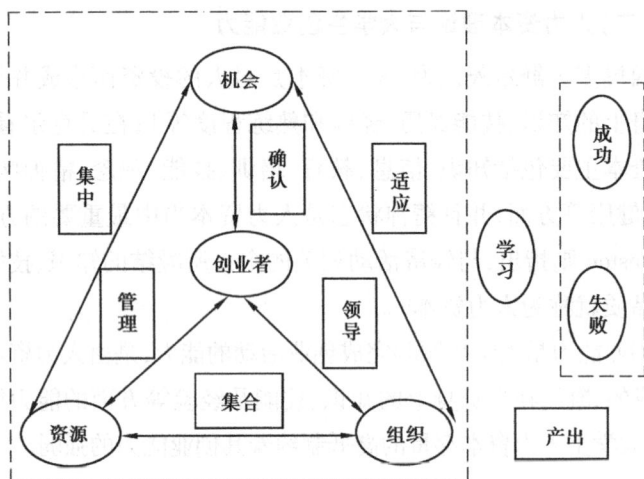

图3 Wickham 创业过程模型

大学生在创业过程中面对两大任务：发现和捕捉商机、运营管理企业。因此，商业机会识别与开发能力、组织创建及领导能力、企业运营管理能力是大学生创业能力优劣的重要体现。

（四）学术资本理论与大学生创业能力

法国社会学家皮埃尔·布迪厄指出，资本是积累的劳动，也是获取生产利润的潜在能力[①]；刘春花认为，学术资本是指个人所具备的学识、才干、技能和资历，是教育、知识、能力和学术经验的积累，也是促成大学生创新创业的重要因素[②]。

大学生的学术资本是以学术知识、学术能力和学术素养三者为依托的一种文化资本，这种资本外显为具有一定水准的学识，内隐为具有独特的学术视角、敏锐的学术思路、富有创新的学术

---

① 皮埃尔·布迪厄.文化资本与社会炼金术：布尔迪厄访谈录[M].包亚明，译，上海：上海人民出版社，1997.

② 刘春花.学术资本：促进大学生创业能力提升的要素[J].教育发展研究，2010，30(21)：67-70.

精神及全面综合的学术修养①。大学生创业能力是将学术资本转化为创新创业资本，自主开拓创新的一种综合能力或本领，让大学生依托学术资本并将其转化为创新创业可资依借的实力资本，是新形势下大学生创业教育的重要课题。

二、大学生创业能力培养的现实依据

社会对大学生创业能力的现实需求怎样？如何对大学生创业能力需求的重要性进行排序？当前大学生创业能力与现实需求之间的差距在哪里？带着以上问题，根据前面分析的大学生创业能力相关理论，笔者进行了相关的社会调查。在获取资料数据的基础上，本研究采用问卷星统计软件对这些问卷材料进行了统计，并对大学生创业能力的需求及大学生创业能力同现实需求之间的差异进行了聚类分析。

1. 大学生创业能力的现实需求

为了解大学生创业能力状况，笔者于 2017 年 4—6 月对重庆市部分高职院校的在校大二、大三学生进行了实地调查。调查采用网络调查与访谈相结合的方式，调查对象共 350 人。

根据前面对大学生创业能力构成的理论分析，笔者将大学生创业能力的主要构成要素归纳为以下 12 项：风险偏好、团队合作、领导能力、沟通能力、关系能力、创新能力、学习能力、承诺能力、战略能力、专业能力、理财能力和管理能力，本调查设计的问题主要考察大学生在以上 12 项能力方面的表现情况及对它们重要性的排序。在进行数据处理的基础上，得出表2。

---

① 王正青,徐辉.论学术资本主义的生成逻辑与价值冲突[J].高等教育研究,2009,30(8):38-42.

表2　大学生创业能力现状

单位:%

重视程度	项　目	第一因素	第二因素	提及率	个人重视度	能力欠缺度
1	关系能力	42.4	24.1	66.5	85	56
2	战略能力	40	22.3	62.3	85	45
3	团队合作	22.7	38	60.7	83	31
4	管理能力	26.2	30.6	56.8	83	46
5	沟通能力	26	27.3	53.3	82	32
6	领导能力	36.5	17.5	53.1	80	54
7	创新能力	29.2	21.4	50.6	79	32
8	学习能力	28.1	19.2	47.3	75	20
9	风险偏好	28.4	18.5	46.9	73	34
10	理财能力	26.5	19.5	46	69	34
11	专业能力	19.8	20.7	40.5	68	43
12	承诺能力	18.9	16.9	35.8	66	23

　　根据统计结果,在综合了第一、二重要因素的统计数据后,12个因素的排序显示出明显的层次性。笔者将12个因素分为3个层次:第一层次提及率在60%以上,包括关系能力、战略能力和团队合作;第二层次提及率为50%~60%,包括管理能力、沟通能力、领导能力和创新能力;第三层次提及率在50%以下,包括学习能力、风险偏好、理财能力、专业能力和承诺能力。以上数据反映出不同能力之间的需求强弱程度是不一样的。同时,大学生创业能力素质的权重和主次有时是很难划分的,不同的创业情景需要对应的能力素质与之匹配。

　　统计数据表明,大部分学生觉得自身的创业能力很平庸,大多数人对自身的管理能力没有把握,另有少数学生对管理公司的能力不够自信。

2. 大学生创业能力形成的制约因素

当被问起"如果你不想创业,你认为最大的问题是什么"这一选项时,统计结果表明"资金缺乏"成为影响大学生创业能力第一大客观因素,其次是社会关系、创业机会、创业环境和创业经验。

在回答"如果想提高创业能力,您希望能得到学校的哪些支持"这个选项时,选择最多的是"教师指导",其次为"创业实践"。由此可见,大学生迫切需要高校在创业能力训练、创业实践活动、创业知识培训等方面给予帮助和支持(见表3)。

表3 大学生创业能力提升因素

如果参加创业活动,您希望能得到学校的哪些支持	
教师指导	24%
资金支持	13%
政策扶助	14%
创业氛围	9%
专家咨询	10%
创业场所	9%
创业实践	17%
其他	4%

三、大学生创业能力培养中存在的主要问题分析

通过调查可知,我国在大学生创业能力培养方面还存在诸多缺陷和不足,这些问题不是单一因素导致的,而是涉及个人的观念意识和能力、家庭、高校的创业教育、国家政策、社会环境以及文化氛围等的多个层次和环节,而且这些问题是相互作用、相互

影响的。由此,将大学生创业能力培养中存在的主要问题归纳总结为以下 3 点。

1.创业的社会文化氛围不浓

目前,我国还没有形成一个鼓励大学生自主创业的良好的社会文化氛围。造成这种情况的原因有以下 3 个方面:①我国家庭教育和学校教育的培养模式,在一定程度上影响了大学生创业能力的培养。②我国的经济体制不利于大学生创新创业能力的发展。市场机制已经渗透到社会的各个层面,大学生不仅承受了较大的经济差距压力,同时面临着严峻的就业竞争。面对激烈的竞争,大学生的价值观念出现功利化、社会责任感不强、诚信观念缺失等问题,这些严重阻碍着大学生创新创业能力的发展。③我国的传统文化遏制着大学生创业潜能的发挥。由于受我国传统思想"胜者为王、败者为寇"的影响,在对待大学生在自主创业方面,人们缺乏足够的宽容。众所周知,大学生自主创业是充满风险的,创业过程是十分艰辛的,在巨大的社会舆论压力下,大学生的创业潜能被扼杀。

2.缺乏系统化的创业教育理论和课程设置

美国的高等教育是服务型、开放型的,学生往往具备了较强的竞争性格和独立意识。而我国的高等教育是管理型、封闭型的。我国高校教育太过注重理论学习的过程与形式,而忽略了学习的目的,大部分学生与社会的接触机会不多,普遍缺乏创新精神和冒险精神,创新创业能力发展缓慢。

目前我国高校创业教育缺乏系统化的创业教育理论和课程设置,导致我国大学生缺少创业知识理论和实践课程。目前只有少量的统一的创业能力培养方面的教材,高校还没有形成系统的创业课程体系,我国高校大学生的创业基本知识比较缺乏。在社会实践方面,我国高校对创业投入的专项资金不够,与企业在创业方面的交流联系较少,由此,大学生缺少了创业的实践活动的机会。

3.家庭环境制约了创业能力发展

对于大学生的创业观,有很多家长并不认同,不少家长无法接受。从家庭来看,尤其是父母对创业的态度以及家庭环境和经济状况对大学生创业造成了一定程度的影响。不少家长希望子女能够拥有一份可靠、稳定的工作。他们认为创业风险大、不稳定,并且大部分普通家庭也没有能力投入巨额的资金给子女,如果子女投资创业失败,反而会加重父母负担。还有家长认为在校大学生所学的知识仅限于课堂,社会关系缺乏,社会经验不足,常常盲目乐观,还不具备成熟的创业条件。家长对大学生创业的冷漠和排斥直接削弱了大学生创业能力的培养。

第四节 国外大学生创业能力培养的状况及启示

一、国外大学生创业能力培养的状况

大学生创业能力培养起源于国外,并经过一段时期的发展,创业能力的培养体系较为成熟。我们在这里介绍典型国家的创业能力培养状况。

(一)美国大学生创业能力培养的状况

美国是对大学生进行创业能力培养的发源地。不管是高校创业教育,还是社会支撑体系、资金支持以及创业的社会氛围等各方面,美国都是遥遥领先于世界各国的。其在理论和实践上都积累了丰富的经验,尤其是百森商学院、斯坦福大学等高校大学生创业能力培养的先进理念,都是值得我们借鉴和学习的。

1. 社会支撑体系的健全和创业条件的便利

健全的社会支撑体系是美国大学生高创业率的一个充分条件。这些体系包括美国中小企业管理局(SBA)、美国中小企业发展中心(SBDC)等机构和团体,他们为大学生创业提供了管理咨询、技术支援、资金等全方位的服务。以上涉及"民、官、学"全面的支撑体系,也是大学生创业能力培养的坚强后盾。另外,美国的创业条件极其便利。以加州为例,"只要你交上100美元,填一张不超过100个字的表格,不必交任何人审批,寄给加州政府,只要没有重名就一切OK了"。所以在美国开办新公司很容易,还方便快捷。此外,美国的信用制度也很健全,对于公司的交易、借贷等运转程序也是非常有好处的。

2. 社会各界提供充足的资金支持

为了鼓励、激发、支持大学生创业,美国政府设立了专门的国家创业教学基金,同时,社会机构也提供了大量的资金支持。此外,第二次世界大战后,美国民间积累了雄厚的资金,其中资金中的一部分用于对大学生创业进行风险投资。因此,美国高校大学生创业能力培养拥有充足的经费,为其发展带来了更大的空间。

3. 良好的个人创业的社会氛围和政府的高度重视

在以网络、电子通信为代表的知识经济快速发展的美国,个人创业早已经成为社会普遍认可和引以为荣的一条就业途径了。据美国"考夫曼企业领导中心"1999年6月的一份研究报告显示,"每12个美国人中就有一个人期望开办自己的企业;91%的美国人认为,创办自己的企业是'一项令人尊敬的工作'"。①由此可见,美国的整个社会早已经形成了一种开拓创新、鼓励自主创业的氛围。另外,美国政府对大学生创业能力培养给予了高度重视,除了设立专门的国家创业教育基金,提供了完善的创业政策和便利的条件之外,高校的创业教育也得到了充分的发展,学生们从小学到大学的整个求学过程中,都不同程度地受到创新、创业教育,形成了一个相当完备的创业教育网络。

4. 健全的高校创业教育体系

美国的大学生创业率之所以高,是因为高校具有健全的创业教育体系,其中包括以下4个方面。

①前瞻的教育理念和领导的高度重视。美国的创业教育理念并不是简单地帮助大学生创办自己的企业,而是真正着眼于"为未来的几代人设定'创业遗传代码',以造就最具有革命性的创业一代"。另外,美国高校创业教育的开展也离不开高校领导的高度重视和支持。

②优良的师资队伍。美国高校创业教育的成功离不开一支稳定优良的创业教育教学科研队伍。在这支队伍中一部分教师都是有过创业经历的,并且他们熟知创业领域的发展趋势和动态以及社会需求,高校还经常鼓励和选派教师去从事创业及参与体验创业实践活动。这样就能给学生带来他们想要的真实经历和实战经验。另外,美国高校经常聘请一些有创业经验和学术背景的资深人士来校做兼职教学和研究工作。

③系统化的理论和实践课程体系。美国高校的创业教育课程体系是以培养大学生的创业意识、创业个性特质、创业能力及

---

① 李时椿,常建坤,杨怡. 大学生创业与高等院校创业教育[M].北京:国防工业出社,2004.

实践能力为主的,其设置具有针对性、可操作性和实用性。课程设置十分完备,涵盖了不同领域创业活动所需的知识和技能。

④创业教育组织机构多样化。美国高校的创业教育是集高校、社区、家庭、企业为一体的,组织机构极其开放。主要由创业教育中心、智囊团、企业家协会、创业研究会、家庭企业研究所等组成,它们具有各自的职能,来帮助大学生创业。

(二)英国大学生创业能力培养的状况

英国大学生的创业能力培养虽然没有美国那么成熟,但是对于大学生创业,英国政府给予了积极的鼓励和支持,这一点非常值得我国借鉴。在1998年发表的《我们竞争的未来:建设知识推动的经济》白皮书中明确表示:"若有一个稳定的金融和经济背景,有一个支持创业的商业和社会环境,市场、技术和资金容易获得,有一支教育精良和技术熟练的、灵活的劳动队伍,创业就能获得成功。"[①]英国政府在大学生创业能力培养所需要的资金支持、社会环境、政策条件、创业教育等方面,都提供了根本的保障。具体包括以下4个方面:①创业项目。早在1998年,英国政府针对18至25岁的在校大学生设计了大学生创业项目。分为"开办公司"和"创业课堂"两部分。"开办公司"是指从构思创业项目到组建团队再到筹集资金以及运营管理等过程,都是靠学生自己,但在创建企业的过程中可以得到相关人员的指导,主要目的是让学生自己获得创建企业整个过程的经验。"创业课堂"是指为学生提供与创业者、企业家面对面的机会,与他们一起商讨创业项目,或者是听创业者演讲。②管理机构。英国政府拨款建立了英国创业中心和全国大学生创业委员会。从理论课程的设计到创

---

① 李时椿,常建坤,杨怡.大学生创业与高等院校创业教育[M].北京:国防工业出版社,2004.

业活动的联系与安排二者都有具体的分工。① ③资金方面。英国政府不惜重金为大学生设立了高等教育创新基金和科学创业挑战基金。④教学方面。英国政府通过高等教育学会、高等教育基金委员会积极促进创业教育的教学模式、态度和方法的改变。

英国高校不仅开展"创业启蒙教育",还在各领域开展"创业通识教育",将创业知识分布在各学科。在此基础上,还设置了创业专业,开展了"创业专业教育"②。最后,在创业服务上,使创业教育与商业连接是英国创业教育的特征之一。政府通过由 20 个具有经营中小企业实践经验的创业家组成的"小企业服务",而后建立了一个由 45 个"商业连"构成的全国性网络,提供及时、有效的服务③。这种先进的服务也可以在区域内各大高校之间建立沟通,弥补其间的差距。

(三)印度大学生创业能力培养的状况

中国和印度作为亚洲的两大发展中国家,有着很多的相似之处:人口众多,就业问题严重,教育环境类似等。但是早在 1966 年,印度政府就率先提出了"自我就业教育",学生毕业后"不仅是求职者,还应是工作机会的创造者",鼓励学生自主创业。印度科技部在 1982 年成立了"国家科技创业人才开发委员会",并长期实施这一计划,旨在提高大学生的创业能力,使之早日成为创业者。

印度大学生创业能力培养具有以下 4 个特点。

①独特的访问制度。印度高校聘请成功的企业界人士做访问教授来讲授创业学课程或者组织各种实践活动。这一制度已经合法化,得到广大印度高校的应用,也保证了印度高校教师队

---

①③　牛长松.英国大学生创业教育政策探析[J].比较教育研究,2007(4):79-83.

②　杨娟.英国高校创业教育拾记[J].中国大学生就业,2008(4):42.

伍的质量。②自编教材或直接使用外国原版教材。印度由于语言优势直接使用国外(英国)原版教材,或者有些教师把专家的论文编辑成册,成为自编教材,使学生接受先进的创业教学理念。③创业教育活动由学校和教师组织。在印度,一些全国性的甚至是国际性的创业大赛都是由学校和教师自行组织的,政府不进行干预,各个学校根据自己的实际情况来设计创业项目,组织活动,这样就调动了学校和教师的积极性,充分发挥了其创新能力。④根据本国经济的特点,选择创业教育的项目。家族企业在印度大为盛行,所以,在一些印度高校中,适当地开设了一些家族企业管理项目,为那些有家族企业的大学生发展自己家族企业提供更充足的准备。此外,"筛选+激励+培训+支持"创业发展项目是印度创业教育的一个特色,这个项目是针对那些没有接受过高等教育的人进行的,目的是促进更多的人自主就业①。

(四)韩国大学生创业能力培养的状况

韩国开展创业教育起步较晚,但是在政府的大力支持和引导下,韩国从1997年创业意识开始觉醒,到2001年有创业意愿的青年比例已位居全球第一。韩国创业教育的发展突飞猛进,取得的成绩也是不可低估的。2002年,韩国大学应届毕业生中准备创业的大学生比例也是位居全球第一的。其中,政府不仅提供政策、资金的支持,还积极进行创业教育,帮助学生组建自己的创业组织,使创业观念深入学生心中。韩国创业教育最大的特点就是有关创业的组织较多。从1998年开始,韩国设立创业支援中心,到2000年,创业支援中心的数量不断增加。除此之外,韩国还在大学建立了创业研究中心,这些组织具有先进的设备,充足的资金,

---

① 游圆圆,潘亮.中印大学创业教育比较研究[J].国家教育行政学院学报,2007(8):88-90.

以此来帮助和支持风险企业和大学生企业。在政府的督促下,大学生在高校中也成立了自己的创业组织"全国大学生创业同友会",并且在各个高校中也成立了分会。这些组织也取得了不俗的成绩。

二、国外大学生创业能力培养的启示

综合国外大学生创业能力培养的实践,可以发现:国外大学生创业能力培养起步较早,发展迅速,各国从政府到社会、高校、家庭、传媒都给予了积极的鼓励和支持。我们可以从中得到以下4点启示:

1. 大学生创业能力培养离不开政府的大力支持

美国政府设立了专门的国家创业教学基金,英国政府则是提供资金在全国范围内开展创业项目,除此之外,英国政府在大学生创业能力培养所需要的社会环境、政策条件、创业教育等方面,也提供了根本的保证。而韩国大学生的创业热潮是在政府的推动下形成的,各个创业组织也都得到了政府的大力支持。这些国家大学生的创业热情以及创业能力培养的成功,得益于政府为他们提供了大量的活动经费和创业资金,这一点是值得我国借鉴的。

2. 大学生创业能力培养离不开社会支撑体系和便利的创业条件

美国大学生创业能力培养具有"民、官、学"相结合的社会支撑体系作为坚强的后盾。英国在大学生创业服务上建立了全国性的"商业连接"网络,提供及时、有效的服务。在创业条件上,国外的资本市场成熟、风险资本充足、咨询信息服务机构齐全、信用制度健全,开办新公司容易、方便、快捷等。这些都为大学生创业及成功创业提供了便利的条件。

3.大学生创业能力培养离不开良好的社会氛围

美国的整个社会早已经形成了一种鼓励开拓创新、自主创业的氛围。韩国大学生在创业过程中,离不开社会舆论的支持,它们及时报道创业者创业的过程和有关创业的成功案例,使创业的观念深入人心。

4.大学生创业能力培养离不开系统的创业教育

美国的创业教育之所以成功,是因为从一开始创业教育就得到了高校领导的高度重视,具有前瞻的教育理念、优良的师资队伍、系统化的理论和实践课程体系以及多样化的创业教育组织机构。英国针对不同的人群、不同年龄阶段设计不同的创业教育,使创业教育普及到人们当中。印度根据本国的国情,设立了独特的访问制度和家族企业管理项目,直接使用外国原版教材或自编教材,积极调动学校和教师的创业教育积极性。

国外大学生创业能力培养的成功实践和经验,为我国大学生创业能力的培养提供了有益的启示,值得我们学习和借鉴。但是由于各国国情不同,在借鉴的过程中必须考虑到我国的具体国情和社会文化背景,设计出一个具有中国特色的大学生创业能力培养的新模式。

第四章

女大学生创业能力培养现状及分析

第一节 女大学生创业研究

随着高校毕业生逐年增多,女大学生的数量也在增加。高校在具体创业教育中普遍是从"一视同仁"的角度设置课程、开展活动的,忽略了男女两性的差异,针对女大学生群体的创业教育还很少。相对于男大学生来说,女大学生作为特殊群体,其虽然和男大学生享受同等的教育资源和机会,但是社会提供给女大学生的就业应聘机会是不均等的。2016 年 6—7 月,全国妇联妇女研究工作人员曾对北京、山东及河北 3 个省市的女大学生进行了调查。其结果表明,有高达 86% 的女大学生在应聘过程中曾遇到过性别歧视的现象。其中超过 80.2% 的女大学生认为,很多企事业单位拒绝招聘女大学生或者男士优先,甚至有些单位不给女大学生笔试和面试的机会。在现有的招聘市场上,多数情况都是一般的男生和优秀的女生存在对等情况。另外,调查结果还显示,受访女性平均受到性别歧视的次数达到了 17.0 次。① 可见,我国就业市场存在大量的性别歧视现象。女大学生为了避免面临"毕业即失业"的现状,反而选择创业这条道路。女大学生就业难问题,也进一步促进了女大学生创业需求。

如何从性别角度出发,关注女大学生创业教育的开展与实施,如何培养高职院校女大学生的创业能力,这是我们高等教育在大学生创业教育方面需要关注的方向。为此,本书着重从性别的角度重点研究女大学生创业能力的培养。

一、女性创业发展研究

从文献上来看,对全球女性的创业活动研究可以分为 3 个阶段,第一个阶段是 20 世纪 70 年代,这段时间由于 60 年代美国女性女权运动的兴起,女性创业活动研究开始进入萌芽阶段,这一阶段对女性创业的研究成果主要体现在寻找女性创业者与男性创业者之间是否存在着相似之处。研究者除了在行业选择上寻找差异化之外,同时也非常注重对女性创业障碍的研究。第二阶段是 20 世纪 80 年代,这一阶段是女性创业研究的基础阶段,其研究方向主要体现在对女性的创业战略构想的探讨分析、女性主导企业的管理风格、女性主导企业的创业绩效结构的探索性研究和女性在当时社会网络中整合资源的研究。尽管这一系列问题在当时环境下仅有西方国家以及亚洲日本等国开展研究,也没有更多细致深刻的研究关注其内在超常规关系,但是为以后资本市场中女性的创业活动研究打下了基础。第三阶段是 20 世纪 90 年至今,这一阶段可以被视为女性创业研究的发展阶段,在理论研究

---

① 赵艳,李明,赵晓玲.地方应用型高校女大学生创业能力培育策略[J].绥化学院学报,2017,37(2)135-137.

层面上女性创业研究取得了许多重要的成果：①研究方法多样。越来越多的研究者开始运用回归分析（regression analysis）、因子分析（factor analysis）、聚类分析（cluster analysis）以及判别分析（discriminant analysis）等研究方法。②研究层面拓宽。研究的重点开始转移到创业企业的组织层面的创业环境驱动、创业活动过程等相关领域。③理论层面构建。研究人员开始尝试着构建完善女性创业行为的创业意向理论基础。

全球权威调查格兰特公司提出女性创业研究的分析框架主要包括女性创业者个体行为层面和女性创业者组织层面。[①]

1. 女性创业者个体行为层面的研究

女性创业者个体行为层面的研究主题主要体现在女性创业者个人特征与创业动机两个方面。

（1）创业者的特征。对女性创业者的特征统计包括年龄、学历、受家庭支持程度、专业技术、家庭背景。许多研究指出，成功的女性创业者具有独立性、成就需要感强、自我控制能力强等特征。从20世纪90年代开始，虽然在原有的研究基础之上有了一些发展，但是其重要性大不如前，相应针对与之相关的其他因素的研究逐渐占据了主要地位。美国学者多萝西·穆尔的研究显示，感情上的支持在社会关系网络中起到了一个重要的支持作用，也是女企业家从该网络的支持作用中获得的最重要的支持，而这一支持主要来自她们的丈夫。

阿伯登和奈斯比特认为，与相爱的人一起工作，跟同行之间的合作是不一样的。一般情况下夫妻创业更容易获得成功，主要是因为夫妻间不存在竞争，双方有共同的语言和目标，互相之间

① 席升阳. 我国大学创业教育的观念、理念与实践［M］. 北京：科学出版社，2008.

很信任。通过调查发现,一般家庭企业中男女有着明确的分工与协作,男性一般主外,主要是采购、进货、洽谈客户等,女性主要负责店内的管理,比如接听电话、照顾店面、财务管理等。女性在家庭企业中扮演的角色与她们在家庭中的角色基本无异,都是承担一些内部工作,都属于男性工作的后盾或者承担支持性任务。关于企业的有关决策权,在大多数企业中,男性为企业的主要决策者,而女性则处于辅助地位,在男性作出决策时,女性可以适当地给予建议或者参与决策。在现代社会中,很多女性企业家能独当一面,成为企业的决策者,扮演与同时代男性相同的角色。这说明在就业和创业过程中,女性与男性可以具备同样的能力,扮演同样的角色,享有平等地位。

(2)创业动机。在全球创业观察项目(GEM)2001的研究框架中,女性创业的动机被分为两大类,一是生存型创业。女性选择这种创业模式往往是因生活环境所迫,显示出创业的被动性。二是机会型创业。这种创业活动的类型是女性已较满足目前自身工作生活的环境,只是在机会产生的过程中作出判断与选择对机会的把握,显示出创业的天赋性与偶然性。中国地质大学肖建忠教授指出,当前女性创业活动指标主要有两种理论:生存型创业与机会型创业。在机会型创业活动中,中国女性明显处于低水平,这很大一部分是取决于我们当前的经济结构。我国女性创业活动一般倾向于与家庭相关联,比如选择夫妻创业,这主要与我国女性长期存在较强的家庭观念有关。一般来讲,女性在关系建立和感情维系方面更具有优势,家庭观念也相对较重,进行资本的原始积累与发展离不开家庭。同时在长期的环境观念影响下,女性自身也被认为是创业的辅助角色或者男性在创业方面更优于自己。因这种观念的影响,很多女性在进入工作岗位或者创业行业后,在管理风格方面也存在一些尴尬的局面,在情感决策在

92

企业的决策中占社会思想和舆论的影响下,女性创业逐渐成为现实话题,到底女性创业是实现自我价值还是家庭角色价值的消失。从某种程度来讲,女性与男性在创业动机上存在一定的相似之处,但是女性由于自身的一些社会观念的影响,在事业发展过程中面临所谓的天花板尴尬局面,成为女性职业生涯发展规划进一步发展的障碍。在很多国家,女性进行自我创业主要是为了获得经济上的独立地位,或者避免激烈的就业市场竞争。在某些国家,由于男性与女性在社会中享受不对等的经济地位,没有得到公平的待遇,没有获得公平的薪酬,因此很多女性通过选择创业来寻找自己的价值,获得经济上的公平地位和待遇。

在传统的家庭结构下,女性主要负责照顾家庭和孩子,孩子年龄的大小也会影响女性创业的意识驱动,Boden 和 Nucci 研究发现,年龄较小的孩子可以有效地加强女性对创业的需求。这可能是由于该时间段女性更缺乏自我,更需要寻找自身价值,并且年龄适中,可以更好地发挥自身的才能。

2. 女性创业者组织层面的研究

女性创业者组织层面的研究主要包含机会选择、资源获取、组织结构、管理方式和创业绩效等。目前对于组织层面的研究从以下 4 点出发:①机会选择在创业研究中极为重要,目前的创业行为研究基本不作性别区分。将来的研究很可能体现在女性如何识别和利用创业机会的获取、与男性创业者在分析判断以及利用机会选择上存在的差异方面进行探讨研究。②资源的获取在女性创业研究中存在很大的障碍,人们往往忽略女性与男性在性别上存在的不同资源获取面。③社会结构中男性叱咤风云的行业里涌现出越来越多的女性,她们开始在男性统治的领域内进行创业,与以往女性选择创业的行业相比,她们又将面临哪些障碍与挑战?④对女性创业成功的影响因素、路径的探究等问题也是极具有研究价值的一个方向。

二、女大学生创业研究动向

(一)国外研究动向

女大学生创业作为创业研究的延伸,也得到了国外研究者的关注。国外学者最初在女性创业方面的研究主要集中在创业领域、创业者的特征、创业融资方式、创业管理风格和风险偏好等方面。研究者采用比较分析、质性个案研究、计量统计、模型推演、场域实验等研究方法,从创业培训、创业政策咨询、创业跟踪指导、创业者心理特点、群体特征等方面对创业女大学生群体进行立体研究,发表了大量的论文和专著。在理论研究的基础上,西方国家的政府、高校、公司、风投机构等相互协作,在教育和实践中探索创新,建立了较为成熟完善的女大学生创业教育和创业扶持体系。

20 世纪 70 年代中期,Eleanor Brantley Schwarts 写于 1976 年的《企业家:一个新的女性领域》一文,着重从女性的个性、动机、心态等各个方面研究女性创业,这在当时是极其具有开创性的。20 世纪 80 年代,Hisrish,Brush 和 Orien 一同推动了关于女性创业的一系列描述性研究。这些研究详细地阐述了女性创业者的特性、开办企业的过程和企业发展的障碍。这也为之后的女性创业研究工作打下了坚实的基础。

Birley 等人(1987)通过研究发现,虽然男性与女性接受同样的教育,受教育程度也基本没差别,但是从最后的结果来看,男性与女性接受的教育内容还是存在一定的差异。在 Hisrich 和 Brush 等看来,女性创业教育不仅仅是接受市场运作和商业化教育,更多是接受经济管理等方面的教育。在创业相关经验方面,女性显得相对比较匮乏,并且通过实践得到了证明(Brophy,1992)。

Boden 等人（2000）发现，当男性与女性都处于同一竞争环境下，创业成功与否与男女性的工作经验有关，女性经营的企业更容易在市场中失败，主要原因是女性长期形成的性格和管理风格在企业经营中并不具有较强的优势。而男性经营的企业更容易在激烈的市场竞争中生存。人格特质理论研究历来受到研究者的争议，一些研究者认为人格特质是天生的，不可以通过后天培养。但美国著名的心理学家阿尔伯特·班杜拉（Albert Bandura）在人格学习理论中指出，人格因素是受内部与外部因素共同影响的。也就是说，虽然人格特质的培养存在先天差异，但是通过后天环境的影响同样可以培养个人的人格特质。20 世纪 90 年代，国外以 Brush 为代表的女性创业研究者们以更广阔的视角对女性创业的优势和困难因素进行了研究，这也在一定程度上推动了女性创业实践获得蓬勃发展。

20 世纪 90 年代以后，美国、加拿大等国家的创业教育，正在由注重个人的能力培养转向团队、公司、行业和社会的研究。强调创业是一种管理风格，它不仅仅在创办新企业时需要，大企业、非营利机构同样需要。近年来，国外女性创业研究主要是关注创业绩效的性别差异及影响因素、创业动机与创业意愿、创业特质、创业与家庭平衡、创业融资等。

（二）国内研究动向

国内学者对女性创业的研究虽有所涉及，但仅仅是一些领域的研究，而且比较零散。同时，由于目前国内许多专家学者仅专注于从各自的学科视角对女性创业现象的某一方面进行研究，导致女性创业的研究还不全面，也不完善。

20 世纪 80 年代以前，关于创业者性别差异的研究甚少。此后，随着我国经济社会的迅速发展，创业的女性数量急剧增多，女性不断去挑战一些男性主导的传统行业，甚至还有新兴领域、高科技产业,女性创业者的创业实践对经济和社会的影响也越来越大,引起了社会的广泛关注,学术界也开始重视创业性别差异的研究,女性创业研究开始成为一个重要的研究领域。蔡莉、赵嫡等人(2009)的研究发现,在创业领域选择方面,女性一般选择第三产业,比如服务业和零售业等,选择第二产业的相对较少,而选择第二产业的男性要多于女性,比如多数男性会从事建筑业或者产品制造业等。并且通过调查可以发现,女性进行创业,企业经营规模一般较小,而同类男性一般高于女性。在创业的层次方面,在创业初期,男性和女性的学历层次都相对较低,但是随着企业经营的需要,学历层次会越来越高。在原始资本的积累方面,男性的筹资渠道明显多于女性,男性在资金筹集方面可以采取多元化战略,而女性基本选择亲朋好友作为筹资来源。男性与女性在创业动机上的差异在一定程度上影响了企业的规模和企业的生存率。一般来讲男性在创业意识方面更强于女性,更希望获得经济独立和自我发展。关培兰、罗东霞(2009)则跳出传统的对男女创业者的个人特质进行两性比较的思路,关注成功的女性创业者与不成功女性创业者相比更加具备的个人积极心理特点与其创业发展的关系。

2015年在国务院总理李克强"大众创业、万众创新"的批示下,高校的创业教育也逐步深化,选择创业的大学生人数也明显增加。调查机构发布的调查数据显示,男生自主创业比例高于女生,学生毕业半年后自主创业比例为2.3%(本科:1.2%,高职高专:3.3%),高职高专毕业生尤为明显。我国对大学生创业能力的培养研究起步较晚,主要集中在大学生创业支持体系研究、大学生创业能力培养模式、途径研究等方面。近年来,我国创业教育的研究成果也逐步涌现,但是国内关于女大学生创业的研究较晚,至今知网中收录了"女大学生创业教育"关键词的文章共有53篇,收录了

"女大学生创业能力"关键词的文章共有 30 多篇,收录了"女大学生创业能力培养"关键词的文章不足 10 篇,我国国内对这一方面的研究显然不足。主要体现在以下 3 个方面。

1. 缺乏基于女性视角进行创业能力培养的研究

现有研究一般多以大学生整个群体作为研究对象,没有充分考虑女大学生具有女性、大学生和创业者三重身份的特殊性,没有针对女大学生群体进行创业能力培养的深入研究。

2. 缺乏对女大学生创业能力评价的研究

现有研究多以定性研究为主,没有建立科学的女大学生创业能力评价指标体系,没有建立科学的女大学生创业能力评价模型,没有充分考虑究竟是什么因素影响了大学生的创业能力。

3. 现有的女大学生创业理论可操作性不强,缺乏对女大学生创业实践能力的大培养

从现有研究成果上看,研究女大学生创业能力培养的学术理论有很多,但总的来看可操作性不强,只是片面地强调进行课程体系改革,建立实践基地等,并没有回答出具体该上哪些课程,实践基地如何搭建等问题。

综上研究可以发现,虽然众多研究学者对女大学生创业从不同的角度进行了剖析和解释,并与男性进行了相关的比较分析,但目前的研究现状是很难满足我国高职院校女大学生创业的需求的。由此可见,加强高校女大学生创业能力的研究具有重要的现实指导意义。

三、研究的思路、内容与方法

(一)研究思路

1. 理论上

首先,正确理解创业、创业教育以及创业能力等基础理论知

识,包括相关概念的内涵和外延,科学地把握相关概念的联系与区别。在相关文献综述以及实际调查的基础上,总结归纳女大学生创业的特点。其次,本研究以女性主义理论、社会性别理论和社会化理论为基础,从社会化理论为出发点,以女性视角分析女大学生创业的可能性。再次,对女大学生创业能力现状以及高职院校培育情况进行调查分析,了解高职院校女大学生对创业的认识,具体的创业准备和创业能力情况,此外还有目前的创业环境以及开展创业教育等方面的相关内容。最后,找出影响高职院校女大学生创业能力的内外因素,以及存在的突出问题,站在高职院校的角度,以创业能力的培养为目标,提出一系列具体策略和建议。

2.实践上

基于目前了解大学生创业的基本情况,我们设计了一份针对高职院校女大学生创业能力培养现状的调查问卷和个别访谈,利用问卷星软件对获得的数据进行统计分析,进而得出结论。

(二)研究内容

本研究从创业教育的基本理论入手,主要运用文献参考法、问卷调查法、访谈法等研究方法,对大学生创业能力现状、创业环境以及高校的创业教育进行调查,探究影响女大学生创业能力的因素,针对如何提高女大学生创业能力提出了一系列策略或建议,试图为女大学生创业教育提供理论依据。在此指导思想下,本研究共分为以下七个部分。

第一章为绪论部分。主要阐述研究的背景与意义,国内外相关研究成果,研究思路与方法。

第二章为理论研究部分。对大学生创业相关概念界定。首先对创业、创业教育以及大学生创业能力等相关概念做出界定,指出我国大学生创业现状及存在的主要问题,以及介绍了美国大学生创业教育及给我国大学生创业教育的启示;然后在明晰概念的基础上,引出了我国大学生创业教育现状及存在的主要问题;最后,运用 SWOT 分析法对当今大学生创业能力进行解释。

第三章为理论基础部分。主要介绍了大学生创业能力培养的含义、目标、核心要素、特征、主要内容和依据,展望大学生创业能力培养的趋势与必要性,通过分析英美印韩等国的大学生创业能力培养的现状,得出对我国发展的有益启示。这一部分为后面的分析奠定了理论基础。

第四章为实证部分。首先在女性主义、社会性别等理论基础上梳理了女大学生的创业现状,然后设计调查问卷和个人访谈,对重庆市内 3 所高职院校部分在校女生进行创业能力培养状况的调研和访谈,并作实证分析,最后得出当前高职院校女大学生创业能力培养的现状及存在的问题。在此基础上为女大学生创业能力不足提供事实依据。

第五章为核心部分。具体分析高职院校女大学生创业能力的影响因素,从女大学生自身、社会以及高校教育等几个方面,探究影响女大学生创业能力培养的原因,并对其原因进行分析,为后文提出合适的建议和对策做铺垫。

第六章为关键部分。在对理论分析和实证研究部分做出总结的基础上,从女大学生创业能力培养的角度,分别从宏观和微观层面提出相应的培育对策和建议。这部分是本研究的难点和创新点。

第七部分,结论部分,通过总结,得出进一步深入研究的内容。

(三)研究方法

在新的就业形势下,如何培养大学生创业能力是高校人才培养的战略性问题。它关系到我国高等教育培养的人才是否具有创新创业能力、是否适应经济社会发展、是否能够承担起振兴民族大业的问题,也是关系到高校可持续发展的重要问题。本课题研究力求在科学发展观的指导下,遵循理论研究与教育实践相结合、动态研究与静态研究相结合、综合研究与个案分析相结合等基本原则,具体采用以下 5 种研究方法。

1. 文献研究法

查阅国内外有关女大学生创业研究的文献,采用网络查阅等手段取得二手资料,通过登录相关网站,收集女大学生创业案例和创业教育相关信息,归纳总结目前最新的研究进展。

2. 调查法

调查法是教育科学乃至社会科学最基本的研究方法之一。结合分析出的高职院校女大学生创业能力问题设计调查问卷,对重庆市高职院校女大学生进行调研并作实证分析,并通过对全市高职院校女大学生创业能力现状以及高校对其的培育情况的调查,为高校开展女大学生创业教育提供理论支持。

3. 案例研究法

案例研究法是指对真实的案例信息进行调查、分析、概括,从而建立对调查对象全面系统的认识和理解。案例研究的优势不仅在于能够对事物进行全面的认识,还在于可以对后续情况进行跟踪研究。本研究通过女大学生创业案例以及重庆几所高职院校创业教育案例的研究,以小见大,进而全面把握女大学生创业教育的现状。

4. 经验总结法

通过不断地对重庆市高职院校女大学生创业能力问题进行反思和总结,从实践中得到有意义的经验,并加以应用和推广。

5. 比较分析法

比较分析国内外加强高职院校女大学生创业能力培养的理论和实践，并从中获得可借鉴的经验。

四、研究的创新点和不足之处

(一)研究的创新点

本研究的创新之处在于从大学生创业能力培养角度出发，在对女大学生创业能力现状以及创业教育把握的基础上，尝试构建高职院校女大学生创业教育课程体系，这是本书的一个创新点。此外，通过调研分析数据，针对女大学生创业能力薄弱问题，为女大学生创业能力的培养提出切实可行的对策和建议，从而为推进高职院校有针对性的创业能力教育提供理论指导。这既是本书的一个创新点，也是本书的一个难点。

(二)研究的不足之处

尽管本书的研究得出了一些有意义的结论，但仍存在一些局限和不足之处，需要在以后的学习中继续研究和探讨。首先，调查样本的局限性。本研究只是针对重庆市部分高校的在校女大学生和一些女大学生创业者进行调查，样本采集的范围有限，因此，调查结果不免存在局限性。其次，本书试图将国外女大学生创业群体的现状和我国进行比较，但是由于时间和其他因素影响，没能实现。这是本研究的遗憾，也需要在以后的学习中加强这部分的研究。

第二节 女大学生创业的现状

一、女大学生创业的背景

(一)女性创业回顾

在近 30 年来,伴随着中小企业在世界发达国家和地区的兴起,女性创业成为推动企业发展的新生力量,女性创业企业成为经济发展的重要驱动力量之一。从世界范围来看,不论是欧美发达国家,还是经济欠发达的非洲地区,女性创办的企业不论是在规模还是数量上都呈现急剧增长的趋势,越来越多的女性创办的企业崛起,她们在创造财富和为社会创造就业机会方面所做的成就与贡献令人瞩目,女企业家的队伍也蔚为壮观。随着社会经济的不断发展,女性的社会地位不断提高,她们在政治、经济、文化等社会领域中起着越来越重要的作用,扮演越来越重要的角色。女性创办企业,不仅仅为经济繁荣和社会发展服务,更重要的是成功女性身上所具有的坚强信念和颠覆传统性别的观念,给致力于创业的女大学生以极大的鼓舞,女性创业者的丰硕成果为女大学生创业呈现了光明的前景,昭示着女性创业时代的来临。

女性创业不论是其创业领域、创业行业还是创业规模和创业形式,都将作为一种社会现象受到广泛关注。由英国伦敦商学院和美国百森学院共同发起成立的一个旨在研究全球创业态势和变化趋势的创业研究项目——全球创业观察(GEM),发现了各个国家创业活动的驱动力和创业与经济增长之间的作用机制,并评估国家创业政策。2005 年,全球创业观察报告同时也指出,女性创业正在全球蓬勃兴起,在从事创业活动的人中,女性所占比例已经超过了三分之一,中国属于女性创业很活跃的国家。由此可见,女性创业在我国有很好的发展空间。女性创业时代的来临也激励着广大女大学生积极提高自己的综合素质与创业技能,主动适应女性创业时代的发展。

(二)女大学生创业发展

当今世界经济全球化、政治多极化、文化多元化、社会信息化,日益深刻地改变着人类生产、生活方式。新的科学技术把人类带入了一个新的时代,即知识经济的时代。知识经济时代的特征不仅使知识成为发展经济的主要要素,而且带来了经济全球化和社会的各种变革。这些都为女大学生创业带来了契机。

从世界范围看,大学生创业正受到越来越多的关注,国际职业教育大会曾提出,21 世纪将有 50% 的大学生要走自主创业之路。在一些教育发达国家,大学生自主创业甚至已经成为就业的主渠道。我国自从 1999 年高校实行扩招以来,全国毕业生人数迅速增加,大学生们普遍面临着巨大的就业压力,女大学生的压力尤为重。教育部公布:2021 年全国高校毕业生总数高达 909 万人,比 2020 年增加 35 万人,全国在校女大学生人数已连续 5 年超过男生,并呈逐年上升的趋势。其中,严峻的就业形势,以及劳动力就业市场上的性别歧视,使女大学生在就业问题上的弱势越来越凸显。抛开女大学生自身因素,许多用人单位在招聘时,间接或直接排斥女性求职者,他们认为女大学生没有男大学生吃苦耐劳,富有创造性,便于管理,在同等条件下,就是女大学生再优秀,他们也乐于要男生,因而女大学生在求职时往往困难重重。70%的女大学生认为在求职过程中存在男女不平等现象,在收入上男女同工不同酬,在就业质量方面女生低于男生,就业机会更比男生少……就业压力促使女大学生另谋出路。在当今良好的宏观经济为创业者提供大量的创业机会以及我国女性成功创业者不断创造的创业奇迹的背景下,作为女大学生要想改变就业难的命运,就要勇于转变观念,变被动为主动,扬长避短,运用自己的聪明才智,勇敢坚持,敢闯敢干,敢于将自己独特的想法付诸实践行动,选择最具有挑战方式的就业模式——自主创业。

教育部网站公布了 2012 年教育统计数据:全国女大学生人数超男大学生 64.78 万人,已连续 4 年超过男生,而且这个比例还存在越来越高的趋势。重庆市高职院校女大学生比男大学生多出近两万人,特别是偏文科专业的在校男女学生数量比为 1:7,并呈逐年上升的趋势。随着高校毕业生人数的迅速增长,大学生就业难已成为突出的社会问题,女大学生的就业形势更是不容乐观。女大学生人数的不断增长,加上就业市场上的性别歧视,使就业形势变得异常严峻。在同等条件下,用人单位往往优先选择男性,有时即使男性求职者条件稍差也优先考虑。2016 年随着国家全面二孩政策实行,进一步增加了用人单位录用女员工的顾虑,恶化了女大学生在就业市场的处境。这是女大学生在就业市场所处的劣势。

随着"双向选择,自主择业"体制深化改革的今天,面对就业压力,越来越多的女大学毕业生走上自主创业之路。据调查,全国有 62.16% 的在校女大学生考虑过创业,3.24% 的女大学生正在创业。女大学生创业成为创业群体中最鲜明、最活跃的代表。女大学生创业作为社会中的一个特殊群体,具有女性、大学生、创业者三重身份特征,在传统的性别观念对女大学生就业取向影响较深的情况下,女大学生的创业过程势必会遇到很多困难。

女大学生的创业行为,不仅能为社会创造财富,提供更多就业机会,而且可以改变自己的命运,为自身赢得地位、荣誉和尊严,从而实现自己的价值,促进自身的全面发展。

为了进一步缓解就业压力,近年来国家还专门建立了大学生就业创业专项资金,各地方政府也都纷纷出台激励大学生创业的配套措施以鼓励大学生自主创业,例如,重庆实施七大优惠政策鼓励大学生创业,妇女小额担保贷款将高校女毕业生作为重点服务对象,女大学毕业生个人贷款可放宽到 10 万元。在这种政策利好的背景下,高职院校女大学生创业正当时。

高职院校女大学生经过"2.5+0.5"或"2+1"年限的专业培养,掌握了基本的专业知识和技能,具备了较好的专业素养和职业操守,可塑性强和适应性强。这是高职院校女大学生就业和发展的优势。相比男大学生而言,女大学生创业一般表现为创业意愿强烈,但是实际参与率低;往往创业激情高涨,但创业知识和能力欠缺;同时,女大学生创业带有更多的理想和盲目性。可见,创业之路异常艰难,创业能力的缺乏同样是制约女大学生创业成败的关键因素。女大学生要想成功创业,创业能力的培养是关键,也是核心。因此,破解高职院校女大学生就业"难上难"的"瓶颈"问题,即培养高职院校女大学生的创业能力并投身创业实践才是最根本途径。

因此,本书对大学生创业能力作了系统研究,尤其从性别差异角度出发,侧重对高职院校女大学生创业能力培养问题进行研究。

二、女大学生创业的含义

"女性是社会发展中的'半边天',更是社会主义建设的主力军",毛泽东同志曾盛赞中国女性是我国"伟大的人力资源"。因此在这个创新创业的时代,无论如何都离不开女性。有人曾将本世纪喻为"她时代",也有人说其是创新创业时代,将二者相结合,我们认为这将是女性创新创业的时代,中国女性将大放异彩。当今女大学生是中国女性中的知识群体,鼓励女大学生创业是减缓高校女毕业生就业压力的一个重要举措;同时,引导女生创业也是提高女性的社会地位、增强女性的社会竞争能力和促进经济快速发展的利器。因此,鼓励女大学生创业必将顺应历史发展的时代潮流,具有重要的现实意义。

1.女大学生创业的概念

所谓女大学生创业,即女大学生自主创业,指女大学生为实现其自我发展的需要,利用其现有的资源和自身能力,在经济环境中寻找并把握创业机会来创建事业,以实现自我价值、经济价值和社会价值的过程。仅从就业角度看,女大学生创业是指接受过高等教育的女性或其参与的团队从无到有创办一个以盈利为目的的经济体,使之正常运营和盈利的行为。

2.女大学生创业的特征

受传统观念影响,一直以来女性创业比例比较低。目前,我国的大学生创业实践活动正逐渐展开,然而,相比较美国等创业教育较发达的国家而言,我国的创业活动才刚刚起步,相关的经验和理论探索还不够深入,创业实践正处在摸索阶段,女大学生创业更是刚刚起步。女大学生作为创业的一个群体,其创业特点与女性创业者有诸多相似之处,由于受各种传统社会文化观念、社会性别意识以及女性心理的影响,以及女大学生所处人生阶段的制约,整体而言,我国的女大学生创业具有以下特征。

(1)女大学生创业主要集中第三产业

从本质上说,女大学生创业的特点与一般创业无异,属于商业行为。其目的同样在于满足社会的某种需求,通过提供产品或服务,实现利润。由于女性自身心理、生理条件的特点,她们在创业时往往会选择启动资金少、容易开业且风险相对较小、操作简单的产业。女性从事第一产业创新创业的较少,从事第二、第三产业创新创业的较多,大多数女性创新创业领域偏好于传统的第三产业服务业。因为第三产业具有投资小、吸收快、效益好、就业容量大的优点,所以女性容易从事与自身性别优势相关的餐饮、批零贸易、电子商务等以传统服务和社区服务为主的产业。这点说明女大学生的创业活动与我国经济结构的调整同步;而另一方面,女性的创业领域过度集中于资金投入少、技术含量低、投资回报见效快的行业,也表明女性在社会资源和商业机遇等方面还有所欠缺,所领导的企业在高科技研发、创新能力和管理运营方面的水平还有待提高。

女大学生创业的行业和众多女性的选择不谋而合。唯一的不同是,女大学生在高等学校接受了相关的专业教育,涉足电子、金融行业的屡见不鲜,女大学生充满激情,富于挑战,她们充分发挥女性天性柔和、细致、耐心、易于与人沟通、协调等特性,因此在以金融、电子、科研服务为主的第三产业,女大学生也能充分发挥她们的性别优势,更容易取得成功。

(2)创业的主要形式以个体经营为主,合作合资经营为辅

据相关机构的调查,女性(包括女大学生)创办的企业多以个体经营为主,因为个体经营自由灵活。多数女大学生厌倦了朝九晚五的上班生活,她们需要挑战性强的工作和带来成就感的生活,如开服装店、洗衣店、洗车店、小商品零售,工艺品加工业、电子产品等小企业的最多,这些小规模企业投入少,容易操作和掌控,适合个体经营,是比较适合女大学生创业的。这也是大部分刚毕业暂无经济来源的女大学生选择第三产业创业的主要原因之一。

除此之外,女大学生创业形式还有合作经营和合资经营两种形式。合作经营形式多是和几个伙伴一起进行创业,这种形式具

有风险较分散、筹资能力较单一的特点,可发挥合伙人的各自优势。其缺点是合伙人之间常容易发生内耗,决策成本较高。这种创业模式具有以下特点:涉及行业多,选择自由灵活,启动资金少,大大降低了女大学生的创业风险。合资经营形式是法人股份制的小型公司,女大学生以股份形式合资从事的创业活动,多数由家长、亲戚作为后盾,提供资金支持。这种创业模式的特点有:企业组织等模式相对稳定;资金投入较多,风险较大,直接面对市场的机遇和挑战;技术人员少,思维能力有限,因而产品技术含量较低,多数还属于低层次竞争;信息流通慢,辨别能力差,对于市场上的情况较难迅速作出反应。

(3)民营小企业是女大学生创业的一种重要形式

一般的小企业是劳动密集型的。等量的资本投入,大企业远远没有小企业提供的就业机会多。创办大中型企业往往是创业者梦寐以求的,与创办小企业相比,大企业要困难得多,而很多成功的大企业都是由一些小企业发展而来的。受创业资金及创业环境等多方面的因素影响,女大学生很难创办大企业,创办民营小企业却容易实现。随着我国产业结构的升级与调整,民营小企业的发展空间也越来越大,在为社会创造财富的同时,提供了更多的就业机会,这是政府和国家鼓励的创业形式之一。

(4)女大学生创业规模小

由于我国社会信用贷款体系不发达,通过银行融资的渠道并不畅通,创业开始阶段,女大学生创业资金主要来源于亲朋好友,创业规模较小。创办小企业,灵活且容易掌控,风险比较小,而且需要的启动资金少。小企业更能使女大学生在艰难的创业路上从小处着手,从一点一滴开始,实现自己的创业理想。

三、女大学生创业的意义

对女大学生进行创业教育,鼓励和支持女大学生自主创业,对深化女性高等教育改革,实现女性自立自强有非常重要的意义。

1.有利于培养女大学生的创业能力,以创业带动就业,缓解女大学生的就业压力

随着高校扩招,大学毕业生人数呈现出明显的上升趋势,就业形势日益严峻。许多女大学生具有的主动性差、知识面狭窄、动手能力弱、创业能力欠缺等自身因素,也是造成女大学生就业难的主要因素之一。就业压力促使女大学生选择创业。美国妇女商业研究中心公布的一项调查报告显示,过去 5 年来,女性开办的工商企业数量和规模都大幅增加,女性领导的企业创造了 1 200 万个就业岗位,而 500 强企业才提供了 1 170 万个岗位,这大大缓解了女大学生的就业压力。自主创业,一方面可以提高女大学生求职成功的概率和女大学生的创业能力;另一方面,可以带动其他同学共同创业,以创业带动就业,缓解日益凸显的就业压力,使更多的女生从岗位的需求者变为岗位的供给者和创造者。

2.有利于帮助女大学生转变就业观念,树立正确、全新的择业观

由于在成长过程中,很多女大学生长期受到"男尊女卑"传统思想意识的影响,她们从小被贴上了"听话""顺从""柔弱"的标签,家庭对女孩的期望和女孩对自己的期望一般比男孩低,导致她们在行动上缺乏自立自强的个性特征,从而容易在对生活与事业进行选择时形成更多的依赖性。大部分女生对自主创业缺乏积极性,在就业态度上也缺乏主动性。传统的德才观、尊卑观、贤良观的旧思想一直影响她们,她们往往认为"女强人"就是没有女人味、人情味的工作狂,成年后把自己的角色定位成"贤妻良母""相夫教子"的"三转女人",把自身价值局限在家庭范围之

内,来稳定现有生存环境的太平、安全与和睦。这将是"全职太太""全职妈妈"的雏形,这种脱离社会的游离状态实质上危机四伏。近年来,在"大学生就业难,女大学生就业难上加难"的现状下,为了实现自己的人生价值,很多女大学生纷纷投身于自主创业的行列中。最新一份调查显示:中国女企业家的创业成功率高于男性。从自我评价来看,女企业家认为自己更能胜任工作,对自身经济地位、社会地位和政治地位更为满意。可见,创业可使女性比男性做得更好。事实证明,女大学生要想消除社会的性别偏见,肃清封建残余思想的毒害,争取到男女平等、男女同工同酬的地位,对社会作出贡献,为自己赢得地位、荣誉和尊严,那就要更快地转变就业观念,树立正确、全新的择业观,积极投身创业大军,更好地发挥女性在社会发展中的重要作用。

3.有利于培养"四自"精神,健全女大学生人格

在现代社会中,很多女性长期受到性别歧视和不良思想的影响,比如"女子不如男""女子无才便是德""男主外,女主内""女性以家庭角色为主,男性以社会角色为主""女子以治家为本,男子以立业为本"等,很多女大学生也深受封建传统观念的影响,从而遇事不主动、不思进取。在心理素质上容易出现依赖、怯懦、盲从、自卑等心理。在遭遇就业困境时,一些女大学生奉行"干得好不如嫁得好"的理念,希望通过婚姻轻松取得社会认可,而不愿选择需要承担风险、自主、自立的创业之路。许多人包括女大学生自己认为在职场上拼搏是男性的责任,作为女性只要安分守己足矣!殊不知,创业可以使女大学生体验到女性的安全感是建立在自己内心中,使其明白独立、自主、自强才是女性幸福的根源,使其认识到女性创业与女性解放之间的必然联系,并在自强不息中不断锤炼,以提高女性个体和群体素质。通过创业实践,提高女大学生创新精神和创业意识,激发其创业热情,提高女大学生自

身素质和创业能力,充分展现了"自尊、自信、自立、自强"的时代女性风采。因此,创业是培养女大学生"四自"精神和健全女大学生人格的一个重要途径。

4.有利于塑造未来女企业家群体,繁荣社会主义市场经济

随着经济的发展,当今独立女性越来越多,众多的女性创业者在商海中叱咤风云,留下了一个又一个的传奇故事,还有很多女性是各种富豪榜上的常客,甚至对世界经济的发展产生影响。据调查,当前有更多的女性正在前赴后继进入各行业的创业领域,这一点在"全民创业"时代到来的当前表现得尤为突出。几乎每个创业团队都有女性高管,每数十个创业项目就会有女性联合创始人,或者项目创始人本身就是女性。

女性创业正在全球蓬勃兴起,无论从企业的数量、创造的收入还是雇用的工人数量方面来看,女性创业所带来的贡献在全球范围内变得日益突出,成为全球经济增长的重要驱动力量之一。社会主义经济的快速发展为女性拓宽了创业渠道,新经济催生了许多新行业,新行业吸引了大批女性创业者。经过辛苦创业,社会上涌现出一大批优秀的女企业家,例如中国第一位女首富张茵、重庆龙湖地产董事长吴亚军、珠海格力电器股份有限公司总经理董明珠、世纪佳缘创始人龚海燕、阳光卫视创始人杨澜……这些成功的女企业家经常会被学校或政府部门邀请去演讲。她们成功创业的事迹,激励着广大女大学生,使女大学生产生了追求自我价值的期望,并促使许多女大学生产生了创业倾向。这些女企业家所表现出来的女性特有的管理优势和优秀的经营业绩,增强了女大学生们的自信,提升了她们的斗志,也使广大的女大学生有了更清晰的人生目标和价值追求。更有甚者,创业女性的榜样作用激励着部分在校女大学生一边学习一边创业。正是这些典型的、发生在女大学生身边的成功案例,激励女大学生产生

了创业渴望,并推动她们去追求自我价值的实现。一项针对女性的创业调查显示,想创业的女学生的比例有68%;在新近创业的中小企业中,女性创业的成功率比较高,约占80%以上。女大学生的成功创业,表明女性已成为促进创业、推动经济发展的重要力量。

第三节　女大学生创业能力培养的理论依据

一、女性主义理论

女性主义,英文为"Feminism",这一词最早来自西方。女性主义的发展,是伴随着一次次妇女解放运动实现的,从最初的美国女性主义争取选举权开始,到生育权、健康权、教育权的争取,及后来要求在政治、经济、社会、法律等一切领域的合法权利的实现。女性主义运动取得了很大的成果,女性主义的思想和理论也是在女性主义运动中出现和发展起来的。

对女性主义的具体理解,长期以来存在着分歧与争议。西方社会对女性主义的理解主要有以下观点:女性主义是关于性别平等的理论,是要求女性权利的学说;女性主义是一种意识形态,它的基本目标是消除对女性的歧视以及推翻"父权制"的统治;女性主义反对任何形式的女性由于自身性别所遭受的社会、个人或者经济上的歧视等。女性主义理论可以概括为:以消除性别歧视,结束对女性的压迫为政治目标的社会运动,以及由此产生的思想、文化领域的革命。女性主义承认男性与女性之间的差异和不平等,要求妇女解放,实现男女平等,主张男女在政治、经济、社会和文化上应该享有平等的权利。

近年来,随着大学生就业压力逐渐增加,受过高等教育的女大学生对自己的性别要求和成才期望表现出下降的趋势。有部分女大学生表现出自暴自弃,对前途和人生充满失望与迷茫,甚至有悲观消极的情绪。这些社会现象要求我们重视高校性别教育研究和性别实践,尽快实施性别教育,促进女大学生群体的健康发展,从而实现男女平等的目标。

创业教育的开展为性别教育的实施提供了契机。开展针对女大学生的创业教育,性别教育是不可或缺的一部分,也是相当重要的部分,性别教育要求高校从民族、种族、性别、文化、宗教、阶层等角度,结合社会现实与女大学生的发展现状,针对不同的群体,实施差异化教育,开设性别课程。性别课程的开设,应该体现女性主义价值观和教育观,既能帮助女大学生革新思想观念,明确价值观取向,树立科学教育观,同时也可以培养女大学生创新精神和批判意识以及挑战传统观念的精神,此外还可以帮助开发女性智力资源,同时为解决女大学生面临的现实问题提供具体的思路和途径。

二、社会性别理论

"社会性别(Gender)"产生于20世纪70年代的国际妇女运动中,其核心是社会性别,"社会性别"既是社会性别理论的核心概念,同时也是女性主义的核心内容。社会性别理论的本质是女性主义者提出的追求男女平等的理论,是女性主义的中心理论。

社会性别理论发展的起初,女性主义者首先对"性别(Sex)"和"社会性别(Gender)"这两个概念进行区别。性别和社会性别是两个完全不同的概念。性别是客观存在的,指的是生理上的性别,它是人类与生俱来的,不会因为人的种族、民族、地域而有所差异;而社会性别则是由社会文化而形成的男性和女性不同的群体特征。社会性别与纯粹生理上的性别没有其他必然的联系。社会性别理论认为女性的社会角色并非由其生理结构决定,而是受制于社会文化的影响和规范。社会性别强调女性的主体地位,把女性作为发展的主体,鼓励女性应该努力克服自卑、依赖男性等各种消极心理,不仅要积极适应各种社会环境,面对各种挑战,还要使自己的利益和需求得到保障与满足。通俗地说,社会性别理论试图消除发展中的不平等与歧视,打破传统的性别观念,将矛头直接指向社会长期存在和固守的男尊女卑的性别观念误区,把女性作为发展的主体来考虑。在精神上,女性应该摆脱长期依附男性的心理,鼓励女性要自立自强,要有信心,反对孤立女性的主体地位,将其置于弱势地位,主张通过社会各方面的行动,克服影响女性发展过程中的各种障碍,使女性能够受益,并在整个社会发展过程中,为实现男女性别平等和谐发展创造条件。

随着社会的发展,社会性别理论不断得到发展,并逐渐得到一些专家学者及社会的认同。在高等教育领域,这一理论的引入和运用为女性教育提供了一个新的研究视角和方法。社会性别理论在社会学及人文社会科学中的广泛运用,使一些旧问题又有了新的认识和研究。社会性别理论摒弃传统的男尊女卑思想,认为不论是社会角色还是社会地位男女应该平等。在接受高等教育方面,认为男女大学生应该接受平等的教育,然而现实情况是受传统文化对女性的约束和束缚,我们又要强调差异化,这样才能够使男女大学生真正实现平等。对于女大学生创业问题,我们更应该从社会性别角度入手,正视男性和女性差异化的群体特征,有针对性地解决长期存在的问题,给女大学生以特别的关注,帮助女大学生重拾信心与勇气。创业教育是一种培养和提高大学生创新和生存的教育,以提升其综合能力及综合素质为根本,在培养创业能力的基础上,促使女大学生更新观念,解放思想,树立良好健康的价值观与人生观,明确自己的社会意义,真正实现自己的社会价值。在创业能力教育过程中,在实现男女平等的前提下,注重差异化教育,要针对女大学生的生理和心理特点以及创业的特点,不仅在创业意识、创业品质方面进行探讨,更要着力提高女大学生的创业能力,探索出一套完善的创业教育体系,使女大学生有能力更好地立足于社会,在创业时代充分彰显巾帼不让须眉之气概。

三、社会化理论

社会化(Socialization)一词是在研究社会学问题时提出并开始使用的。社会化指的是个体在社会的影响下,通过社会知识和社会经验的获得,去了解社会、认识社会,改造自己,达到调试自己的心理、完善个性的目的,从而成为合格的社会成员的过程。社会化不仅包括个体在政治、法律等社会方面的社会化,还包括在个性品质的培养、社会角色的形成、价值观和社会观的树立等。社会化是人类特有的行为,只有人类在社会中才能实现,社会成员经过社会化将社会行为规范、准则内化为自己的行为准则。简单地说,社会化就是由自然人到社会人的转变过程。

人的社会化不仅反映着个体心理发展的程度和特点,它还标志着一个国家或者社会的发展程度和文明水平。社会化通过教育这种具体的形式,使社会成员获得知识和技能、行为规范和道德标准,从而形成自觉维护社会规范的约束力。对于女大学生而言,她们除了要和其他社会成员一样完成自身社会化问题,还要面临和男大学生的个体差异,不论是生理还是心理的不同,她们面临在实现早期社会化的基础上完成个体社会化。创业时代的来临,要求女大学生逐步改变传统性别偏见的社会文化对女大学生的消极影响,注重提升自己的知识和能力,对自身社会化有强烈的愿望和需求。当女大学生们面临的社会角色和社会环境发生变化时,她们必须放弃原来的行为准则和规范,进行新的学习过程,掌握新的知识和技能,树立新的价值标准和行为规范,然后再继续适应社会的发展。

女大学生具有强烈的实现个人价值观和人生理想的愿望,女大学生创业,不仅是为了解决个人的生存问题,更是通过创业过程,得到所期望的生活方式,实现人生理想和价值追求。不断进行创业实践、不断反思、不断学习,使自己的行为不断地符合规范,这样的过程也是女大学生不断社会化的过程。高等教育是最好的社会化场所,也是最好的社会化方式。因此,高等教育要通过实施有差异的创业教育,培养女大学生自信、自立、自强、自尊的精神,帮助女大学生充分认识自己的优势和劣势,从本质上看则是让女大学生实现适应、改变、学习、提升的过程,这也是完整的社会化过程。

第四节　女大学生创业能力培养现状调查分析

随着我国高校扩招,大学生就业问题尤其是女大学生就业难问题,已经成为高校学生工作中的突出问题和社会关注的焦点。创业时代的来临给女大学生就业带来了新的契机和希望。通过鼓励创业来带动就业,已经成为当前解决大学生尤其是女大学生就业问题的一条重要途径。当前,女大学生的创业热情高涨,然而高职院校女大学生对创业的具体看法如何? 她们的创业目的或者动机是什么? 女大学生应该如何正确面对创业问题? 带着太多的问题,我们对重庆市内3所高职院校的部分女大学生进行了相关调研,了解目前女大学生创业现状,寻找有利于实现女大学生创业教育的最佳方案,帮助高校为女大学生提供切实可行的指导,为女大学生创业能力培养的具体实施寻找有效途径。

一、调查的基本情况

1. 调查对象

本报告是基于女大学生创业能力培养情况而展开的网络调查,发出调查问卷350份,收回有效问卷346份,无效问卷4份,主要针对市内5所高职院校的大二、大三年级部分女生,被调查者涉及管理、营销、会计、金融、社工、物流、计算机等28个专业,调查样本具有区域代表性。346份有效问卷中大三学生占53.3%,大二学生占46.7%。被调查的学生中来自农村的占52.1%,来自城市的占47.9%,其中独生子女占54.4%,非独生子女占45.6%。

2. 调查内容与方法

首先,调查组根据研究内容,设计调查问卷(包括女大学生创业的基本情况调查和女大学生创业能力培养的情况调查两方面),调查问卷分封闭式(单选题和多选题)和开放式两种题型;然后,调查组采用随机抽样调查方法进行网络调查;最后,调查组通过分类统计、交叉统计和单题统计得出调查报告,并提出相应的对策和建议。

二、调查的意义

(一)有助于强化高职院校女大学生的创业意识

判断高职院校女大学生创业能力的强与弱,首先要看其是否具备强烈的创业意识。在回答"您认为当前女大学生创业的兴趣如何?"这个问题时,46.24%的女生选择"感兴趣,但不愿尝试",

48.55%的女生选择"感兴趣,并愿意尝试",把两者相加,可见绝大多数女生对创业感兴趣,有创业意愿,对创业有初步的理解和认识,在这个基础上对她们的创业意识进行强化,对培养女大学生的创业能力起到领航作用。

(二)有助于引导高职院校女大学生从岗位的需求者转变为提供者

动力源于压力,由于性别、身体状况、心理承受力等多方面带来的就业压力促使女性选择创业。创业不仅可以提高女性成功就业的概率,还可以给其他同学创造就业的机会。以创业带动就业,可以缓解日渐凸显的就业高压,使更多的女大学生从岗位的需求者变为岗位的提供者。

(三)有助于分析高职院校女大学生创业能力培养的影响因素

对"高职院校女大学生创业能力培养的影响因素主要有哪些"这一问题的调查结果显示:85.55%的女生认为"创业经验不足",79.77%的女生认为"创业知识和专业技能欠缺",78.32%的女生认为"融资困难",56.94%的女生认为"传统观念的束缚",45.38%的女生认为"政府的支持力度不够"(见图4)。

由此可见,高职院校女大学生所处的内部环境因素和外部环境因素都影响着她们创业能力的培养。调查表明,大多数女大学生创业实践能力不足,社会经验和社会资源双重缺乏。

(四)有助于帮助高职院校女大学生转变就业观念,树立正确的创业理念

该调查结果显示:认为自己的创业能力"一般"的女生占58.96%,认为"很强"的女生占4.34%,认为"较弱"的女生占23.7%。如图4所示。可见,绝大部分女生缺乏创业能力,且主动创业的态度不明确。为实现自主创业,高职院校女大学生要不断培

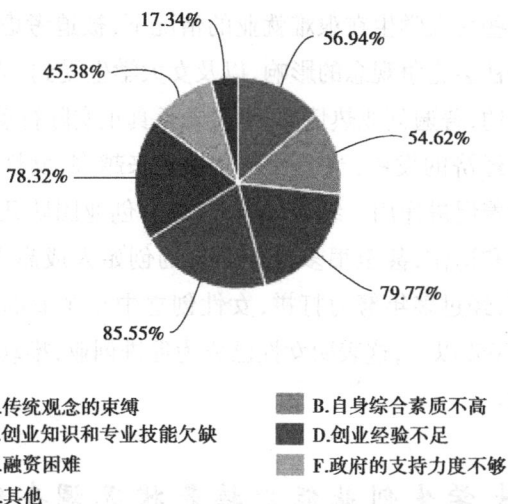

17.34%
56.94%
45.38%
54.62%
78.32%
79.77%
85.55%

■ A.传统观念的束缚　　　■ B.自身综合素质不高
■ C.创业知识和专业技能欠缺　■ D.创业经验不足
■ E.融资困难　　　　　■ F.政府的支持力度不够
■ G.其他

图4　高职院校女大学生创业能力培养的影响因素

养自己的创新创业能力,积极主动地转变就业观念,树立正确的创业理念。

(五)有助于打造未来女性高管群体,繁荣社会主义市场经济

对"女生最希望毕业后的去向是哪里"项目调查时,27.46%女生选择"自主创业",这是选择人数最多的备选项(见表4),其

表4　高职院校女大学生毕业去向的调查

第4题:您最希望毕业后的去向是(... [单选题]		
选　　项	小　计	比　　例
A. 继续深造	57	16.47%
B. 到国企工作	72	20.81%
C. 到外企工作	22	6.36%
D. 到私企工作	13	3.76%
E. 考公务员或事业单位,进入政府机关部门	44	12.72%
F. 自主创业,发展自己的事业	95	27.46%
G. 其他	43	12.43%
本题有效填写人次	346	

中包含一些女大学生在艰难就业的情况下,被迫考虑创业。这是由于经济社会竞争观念的影响,以及女大学生受到"求稳怕风险"心理的制约,普遍创业热情高,而又缺乏真正实际行动的情况。

随着经济的发展,当今独立女性越来越多,女性对社会经济的发展起着促进作用。纵观国内外,每个创业团队几乎都有女性参与管理和运作,甚至很多创业项目的创始人或高管都是女性。实践证明,经过多年努力打拼,女性创立中小企业的成功率比较高,约占80%以上,这表明女性已成为促进创业,推动经济发展的重要力量。

三、女大学生创业能力培养状况调查结果数据分析

(一)女大学生的创业愿望比较理想化

本调查结果显示,"有创业愿望"的女生285人,占82.37%。在被问及"当前女大学生创业能力如何?"这个问题时,9.83%的女生选择"很强",12.72%的女生选择"强",46.53%的女生选择"较弱"。可见,大部分女生对创业抱有兴趣和热情,并寄望于高校创业创新教育改革。实际上,她们对女性创业能力的理解十分有限,对有关创业方面的知识了解不全面,对创业政策把握不透彻,她们迫切希望高校对在校女生进行系统的创业创新文化教育,并开设女性创业专题讲座和相关创业实践活动。

(二)女大学生创业的自信心相对缺乏

尽管高职院校大多数女大学生有着较为强烈的创业意愿,但在评价自己的创业能力时,大多数同学认为自己缺乏自信,创业行动胆小谨慎,感到有压力、没有把握和难以胜任。在被问及"您认为自己的创业能力怎样?"这个问题时,选择"很强"的女生

占 4.34%,选择"较强"的女生占 13.00%,选择"弱"的女生占
23.7%(见图 5)。

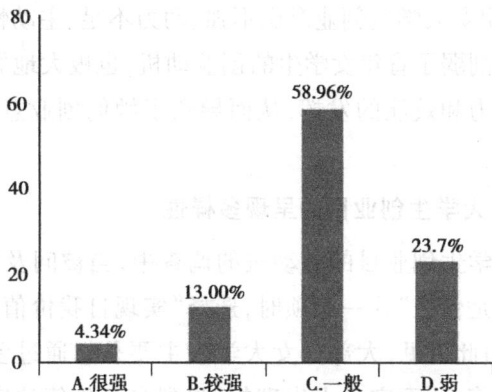

图 5 高职院校女大学生创业能力的自我评估

由此可见,大部分高职院校女大学生因缺乏创业能力和经验
而感到信心不足。所以,当她们真正开始自主创业时,则感觉到
自己的压力和风险非常大,对未来的创业之路感到迷惘和困惑,
内心充满矛盾和焦虑。因此在行动上就表现出谨小慎微,缺乏拼
搏精神。

(三)女大学生创业意识较弱

本调查结果显示:27.2%的女生选择"如果实在找不到合适
的工作,会考虑创业"。调查结果显示,女大学生创业意识不强、
动力不足、主动性不够。究其原因,传统女性角色期待削弱了女
大学生的创新创业动机,也严重影响了其女性创新能力和效能的
发挥,从而导致了她们创业意识较低。受经济社会观念的影响,
以及女大学生"求稳怕风险"心理的制约,女大学生们普遍出现有
创业理想,而又不打算创业;创业热情高,而又缺乏真正实际行动
的情况。女大学生只有在找不到工作的情况下,有些人才会去考
虑创业。当有较好的工作单位可选择时,很少有人选择创业。您

是否有创业的打算",42.9%的女生选择"不想创业,只想拥有一份稳定的工作";15.61%的女生选择"找不到更好的工作只有创业"。这说明女大学生创业意识不强、动力不足、主动性不够。传统女性角色削弱了青年女学生的创业动机,也极大地影响着女大学生创业能力和效能的发挥,从而导致了她们创业意识较弱,创业动力不足。

(四)女大学生创业目的呈现多样性

在女大学生创业目的与动机的调查中,当被问及"女大学生创业的目的是什么"这一选项时,选择"实现自我价值"的女生占86.71%。由此可见,大部分女大学生主要是想通过创业途径来体现自我价值,从而实现人生理想,强烈自身价值的实现驱动着越来越多的青年女学生考虑开辟创业之路。

这说明当代女大学生对创业的目的与动力呈现出多样性趋势,反映出时代的鲜明个性特点。从中我们可以看出,更多的同学把"实现理想,改变命运"作为创业的目的和动机,反映出当代女大学生有着更高的目标追求。女大学生们年轻气盛,充满理想色彩,追求美好生活,她们中的一部分同学一方面想通过创业途径来展示自身才能,创造社会财富,实现自我价值和社会价值,这完全符合人性的发展;另一方面她们也想通过自主创业赚钱致富,尽快提高收入,提高自己和家人的生活质量,这反映出高职院校女大学生勤奋务实、创新拼搏和不怕艰难困苦的人生态度。

(五)高职院校女大学生创业面对的困难具有多重性

本次调查结果显示,高职院校女大学生在艰难的创业途中将面临重重障碍。其创业困难依次为:缺乏经验和社会资源(89.02%)、缺少资金(81.21%)、抗压防风险能力不足(79.19%)、性别歧视(61.56%)、缺乏合适的创业项目(60.98%)、不了解创业政策(58.09%)、创业环境差,缺乏扶持和保障(48.55%)、家人反对(21.17%)(见图6)。

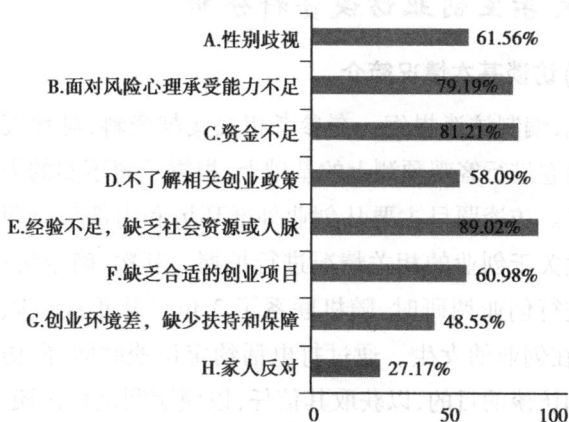

图6 高职院校女大学生创业面临的困难

目前,高职院校女大学生除了缺乏创业经验以外,还缺乏一个整体有序的社会支撑体系,包括社会资源。政府没有专门针对女性举办创业的专场培训和招聘会;高校现有的创新创业教育课程体系不健全,没有针对女生开设创业的基础课和公选课,很多高校开设的创业教育只浮于形式,更不重视创业实践教育;家长对女生创业的态度表示不理解和不支持,认为女生创业是一种风险投资,由于家长害怕承担风险,引导女大学生找"铁饭碗"、安定平稳,图个好归宿,所以乖乖女们从小就缺乏独立自主精神和社会竞争意识。"巧妇难为无米之炊",资本筹措困难也是刚毕业的女大学生面临的大难题。用人单位招聘时在同等条件下,往往会优先选择男性,有时即使男性求职者条件稍差也优先考虑。

以上外部环境不利于女大学生创业,再加上女大学生自身综合素质能力的限制,这些困难将成为女大学生创业能力不足的根源。

四、女大学生创业访谈资料分析

(一)访谈基本情况简介

首先,编制访谈提纲。在参考相关文献资料、对女大学生创业调查问卷进行客观预测上的基础上,根据了解事实的需要编制访谈题目。访谈题目主要从创业外部环境和内部环境两方面对女大学生关于创业的相关情况进行把握。其次,确定访谈对象。在我们进行创业调研时,随机联系了 3 位已从重庆高职院校毕业,且正在创业的女生。通过打电话约定访谈时间,向访谈者说明身份和访谈的目的,以获取其信任,以便顺利进行访谈。最后,资料整理分析。在访谈过程中征得访谈对象的同意,将相关内容记录下来,随后根据相关问题进行整理分析。

(二)访谈材料分析

1.创业认识方面

正在创业的女大学生普遍对创业有比较成熟的认识和理解。关于创业问题,成功创办 Sunshine 花艺工坊的廖某说:"大学毕业生选择创业这条路是有一定风险的,需要的不仅仅是知识、勇气、兴趣,更重要的是要有良好的综合素质和能力。我当时选择花艺行业就是因为我爱这行,一直对插花感兴趣,大学毕业后先在一家大型花艺公司担任插花师,两年后与朋友合伙创办了重庆市奕柏电子商务有限公司,主要负责行政管理和客户沟通服务工作。在这期间积极获取经验,我最终希望以后能有一家自己的公司,所以两年后,我创办了自己的花艺工坊,专门从事各种花艺设计和插花艺术培训……"兴趣是创业最好的动力,人们在自己喜欢的行业中才能干得好,才能干出成绩来。而扎实的专业知识是创业的一个基础因素。

关于创业方向,成功创业的重庆籍女大学生付某,是一个典型案例。2014 年,在实习期间找工作高不成低不就的困境中,她选择了创业——开一家重庆小面馆。她说:"众所周知,小面作为重庆餐饮的一块'活招牌',已经家喻户晓,越来越多的人选择靠重庆小面这一项目创业致富。起初我在重庆开店卖小面,因为缺乏技术和经验,不到半年连续亏空,只好停业了。但我不认输,为了学到正宗的重庆小面技术,我'潜伏'在同行的店里苦心学习煮面技术和店铺的规划、选址、设计和经营管理。3 个月后,我又去西安开了家重庆小面馆,现在经营品种多样,回头客比较多,我还请了 3 个伙计帮忙"。凭着付某对事业的执着和一股吃苦耐劳的韧劲,经过两年的苦心经营管理,如今面馆生意红红火火,且收益颇丰。

廖某和付某经历创业的艰辛和挫折,最终取得事业成功与其开拓创新和吃苦耐劳的精神分不开,最关键是她们选准了创业的方向,还有坚持了自己的梦想,不忘初心。年轻人中,不乏有梦想有一天自己能当上大老板的,但梦想归梦想,在实际创业中,资金、技术、人际关系却处处是困难,而大多数人还是缺乏将想法付诸实际行动的勇气和胆量。年轻人,就要敢想敢干,用实践去证明一切。做事业难,做一个成功的女人更难,女大学生创业成功,靠的是信念和坚持,信念源于梦想,同时铸就行动,对理想的执着追求和对未来的坚定信念,会成为创业者的宝贵财富。

创业者的成功经验告诉我们,不是任何人都适合创业,也不是任何人都需要创业,创业是一项复杂的活动,女大学生创业不仅需要胆量和勇气,更需要一种持之以恒的坚持,创业是带着兴趣为自己梦想努力的过程。

2. 创业环境方面

在我们谈到现在的创业环境时,正在创业的女大学生普遍认为大学生创业氛围越来越好,一些社会组织也逐渐关注到这个群体,创业环境也在不断改善。但是,她们希望国家多出台一些针对女大学生创业的扶持政策。谈到创业启动资金如何获得的问题时,开办创业培训学校的成功创业者李某坦言:"我创业那会,国家政策是有一些的,有提供银行贷款,还有一些创业基金,但是很难申请到。刚开始创业,没那么多钱,就找亲戚朋友借,最后人家见了我就害怕借钱这事。当时好像没听说过有针对女大学生的政策。"

3.创业教育方面

关于高校创业教育的情况,接受过妇联组织和其他社会机构提供创业培训的两位访谈对象均表示,在大学生期间没有接受过针对女大学生的创业教育和培训。可见,我国的创业教育需要注重针对性的特色教育。调查了解到,尽管有的高校开设了相关课程,作为选修课的形式,开设了《创业学》《大学生创业基础与实践》等基础课程,但没有针对女大学生开设的创业课程,培养女大学生创业的相关知识很少。调查还了解到,个别高校因为大学生就业率好,而创业又担负很大的风险等因素,既不鼓励大学生创业,也不支持创业,因此在高校政策等方面,没有针对创业这方面做努力。这充分表现出高校在创业教育方面还有很长的路要走。

(三)调查结论与思考

通过我们的调查研究,发现当前高职院校大学生创业能力相当薄弱,刚刚开始的创业教育也未能很好地满足学生的创业需求,尤其是高职院校女大学生群体。培养高职学生的创业能力,涉及社会、学校、家庭等多方面因素。本研究从创业能力培养的角度出发,结合当前重庆市内部分在校高职院校女大学生对创业的了解和现状的认识,以及已经毕业的高职女学生创业者对创业能力的评价,综合各个方面,通过实施创业教育和改善创业环境等途径来提升女大学生的创业素质,从而全面培养女大学生创业能力,使女大学生创业活动能够顺利实现。

通过以上的调查和访谈分析我们不难发现,目前在我国高职院校女大学生创业能力培养过程中存在的问题有以下4个方面。

1.女大学生创业整体意识淡薄,缺乏自信心

(1)调查发现,高职院校女大学生普遍创业意识淡薄,有意创业的女生大多数是因为本专业不好就业或者是自己不喜欢才选择创业,当有较好的工作单位可选择时,女大学生很少选择创业。同时,学校组织的创业活动较少,创业氛围不浓,校园影响力不大,学生参与度也不高,没有激发女大学生的创业兴趣。此外,受传统性别观念的影响,社会上对女性创业存在偏见,认为女性应该从属于婚姻和家庭,相夫教子,不适合从事有挑战的"男人做的事"。创业环境的不理想,使女大学生们不敢向前,屈就于就业而远离创业。由以上诸多因素导致在校女大学生的创业意识淡薄。

(2)高职院校女大学生中大部分人缺乏足够的自信心,内心充满矛盾和焦虑。她们一方面渴望尝试创业,有急功近利思想,希望快速创业,快速发财,但缺乏长期创业心理准备,对创业风险和困难估计不足,所以容易出现浅尝辄止的现象;另一方面又害怕创业有风险,为自己能力不足而苦闷,对创业前景把握不定,担心创业不成功,意志不够坚强。一方面想自主创业,想干一番轰轰烈烈的事业;另一方面又想找一份好工作,找一位如意郎君,过上安逸、幸福的生活。在调查中,我们发现部分女大学生害怕竞争,害怕吃苦,贪图安逸,偏重物质娱乐享受,不愿从基层干起;不敢接受挑战,不敢尝试冒险,不敢也不愿去体验不熟悉的事情,遇事喜欢寻求各种借口,寻求台阶退路;低估自己,害怕失败,怕出差错,怕丢面子,顾虑重重。

2. 理论脱离实际,创业能力薄弱

一般而言,就业、创业指导老师只是按照教材讲解理论知识,完成教学任务,基本上没有组织学生开展创业方面的活动。大部分教师本身缺乏实践经验,没有创业的经历,不能很好地指导学生实践。优秀的创业方案在学校的帮助下可以获得少量的创业资金,但接下来就全权由学生操作,很难持续下去,在创业的道路上,她们缺少"指路人"。小学、初中、高中的学习目的是"升学",大学教育的目的是"就业",因此,学校的教育主要是理论教育,脱离实际。再加上父母对女生的保护,缺少社会实践,导致女大学生动手能力与适应能力差,对社会的认知了解也不足,即使个别女生突破重重困难,开始了创业之路,最后也是举步维艰。

女大学生自身能力和经验的不足已经成为影响创业的瓶颈。女大学生在创业时,除了性别歧视、个性约束、传统观念、社会创业环境、家庭因素以及高校创业教育等外在因素影响外,强烈感觉到创业能力不足,社会经验缺乏等自身因素是决定创业成败的关键因素。在评价自身创业能力时,绝大部分女大学生缺乏自信,认为自己的创业能力不强,要是真正打算创业,创业能力还需要进一步培养与提升。

3. 创业教育缺失,创业知识不足

从相关的调查,以及结合创业访谈,我们可以看出,我国高校的创业教育不完善,很少有高校开设针对女大学生的创业教育,也难有专门为女大学生创设的创业能力培育基地。由于当前我国高校创业教育实践和研究刚刚起步,还没有形成系统科学的体系,针对女大学生创业能力的教育就更显得捉襟见肘了。要成功创业,需要具备创业方面的知识作为理论方面的基础,这是创业的重要保障。创业知识既包含市场需求调查、市场运营、市场营销方面的知识,也涉及工商管理知识、经济法律、组织管理等知

识。但是在高校教育中,普遍存在重视专业教育、轻视人文教育的现象。此外,经过以"升学"为目标的小学、初中、高中学习,学生已经养成被动式学习的习惯,进入大学学习的主动性也不强,学校不做安排,学生也就认识不到学习人文知识的必要性,导致了女大学生创业知识储备不足。目前,大多数高校只是简单地开设了大学生就业规划以及大学生就业创业指导课程,创业教育的针对性并不强。创业教育缺失和创业知识不足,这些都影响着女大学生的创业意识和自信心,同时也制约着女大学生创业能力的形成和提高。

4. 创业的支持体系不完善

①缺少家人的支持。对于一般家庭而言,女大学生毕业之后,父母希望孩子找到一份稳定的工作就好,不必冒险创业。从另一个角度看,如果女大学生毕业没有找到一份稳定的工作,不仅会给自己也会给父母带来很大的压力。所以,女大学生没有十足的把握是不敢轻易尝试创业的。

②目前国家出台了一系列鼓励大学生自主创新创业的优惠政策,但是大学生创新创业之路特别对女大学生来说异常艰难,除了女大学生创新创业者本身条件的限制之外,更多的是因为缺乏一个整体有序的创新创业环境,包括制度环境。大多数女大学生社会经验严重缺乏,没有资金源、客户群,更没有管理经验,社会经验和人际交往圈子基本上还处于空白状态,且运用民间借贷及政策性贷款融资等渠道的能力又明显弱于男性。政府没有专门针对女性举办创新创业的专场培训,也没有向各高校女生宣讲女性创业的相关政策。

③高校现有的创新创业教育课程体系不健全,没有针对女性开设的基础课和必修课;教学思路老套,仅限一堂理论课和一本教材,教学手段陈旧和教学方法呆板,仅限教室内教师单向讲授,

课内满堂灌,课后抄作业;家长对女大学生在事业奋斗上要求相对较低,引导女大学生好好学习,考出好成绩,找"铁饭碗"、安定平稳,图个好归宿,所以女大学生普遍从小缺乏社会竞争意识和独立自主精神。此外,资金支持不足。女大学生家庭在经济方面能对其以后就业和创业的资金资助能力十分有限。学校针对优秀创业计划的学生有少量的资金支持,社会资金的支持较少,紧靠学校微薄的支持不足以支撑一个长远的创业计划。没有资金支持,再好的创业想法也会成为泡影,无法实现。

综上所述,我们可以得出如下结论:大学生创业能力是综合能力的体现,创业能力的状况直接决定大学生走出校园后在工作岗位上的创新状况与创业的绩效。当前女大学生创业愿望较为强烈,但投入创业的人数还不多,比例较小;多数女大学生认为高校针对女生开设创业教育是很有必要的,但目前高校的创业教育并不能满足她们的创业需求;当代女大学生创业意识薄弱,创业能力明显不足,创业能力的不足导致创业失败的可能性大……为了确保女大学生创业成功,需要家庭、学校、社会、政府等齐心协力共同为大学生创业提供一个良好的环境与氛围,同时要求女大学生要提高自身素质与能力,最大限度地发挥创业潜能,使女大学生们想创业、敢创业、乐创业。

本研究认为女大学生是一个集女性、青年、知识分子于一体的特殊群体,在沟通、协调等方面有自己独特的优势,高职院校应继续加强女大学生的创业意识,转变女大学生就业观念,同时应根据男女差异对女大学生进行针对性的创业教育,扬长避短,从而培养并提升她们的创业能力。

第五章

高职院校女大学生创业能力
培养的影响因素及分析

第一节　高职院校女大学生创业
能力培养的影响因素

随着我国大学生创业热潮的不断高涨,越来越多的创业成功者进入人们的视野,引起了社会的关注。高职院校女大学生自主创业受到各种因素的影响,这些因素不同程度地影响着女大学生创业能力的培养。从整体来看,对女大学生来说,进行自主创业的大学生人数比例还是相当少的,还没有形成整体的创业氛围与创业规模。高职院校女大学生创业面临诸多困难,这些困难既有来自外部的,也有源自女大学生自身的。例如,创业者自身条件限制、社会传统观念的束缚、就业市场上的潜规则、创业环境不佳、创业教育缺失等。这些因素影响着创业能力的发挥,这是我们关注的也是需要研究的焦点问题。

根据对客观环境和女大学生自身情况进行分析,总结影响高职院校女大学生创业能力发挥的因素有以下4个方面。

一、自身因素

(一)女大学生自身意识的影响

当代接受过高等教育的女大学生受先天的生理因素、传统性别观念等影响,她们中多数人对自身的定位,对就业问题的考虑,影响着对创业行为的选择。女大学生的创业障碍不是与生俱来的,是受社会心理、性别文化影响的结果。在现代社会,女性虽然在很多方面取得了和男性同样的社会地位和权利,然而传统的社会性别观念还在约束着女性的思想和行为。女大学生个人对创业的认识存在误区,大多数女大学生认为"干得好不如嫁得好"。许多女大学生认为创业是从来没考虑过的事情,她们梦想毕业后能够找到一份稳定高薪的工作,机关事业单位是大家的首选,因此很少有人真正认真考虑过自主创业的问题。高职院校女大学生的这种意识影响着其思想观念和行为方式,在一定程度上阻碍了其进行创业活动。

(二)女性归因模式的制约

女大学生对创业普遍缺乏自信。一方面是自身创业能力不强,创业知识缺乏,创业品质不坚毅等原因,另一方面是不能正确归因。强海燕在《成功与失败归因的女性模式与教育》一文中指出,女性与男性有不同的归因模式。"女性"的归因模式是:把自己的成功归为外部原因,尤其指运气;而把失败归为内在原因,如能力差等。"男性"的归因模式是:把自己的成功归为内在原因,尤其是"能力"这个稳定的内部因素;把失败归为外部原因,如"没有运气"等外部不稳定因素。女性的归因模式反映出不自信的心理,她们往往把失败归结于内在原因,比如自己没有好好努力、自身能力差等。女大学生与女性有着相同的归因模式,这种归因特点在一定程度上降低了女性的成就动机,影响了其行为方式。

(三)女性成就动机的弱化

成就动机指的是人们按照自己确定的目标,通过努力,完成某项有价值或者一件重要事情的欲望,这种欲望是一种精神支柱和内在动力。以往的相关研究大都表明男性成就动机比女性成就动机高。阿特金森曾用"希望成功"和"恐惧失败"这两个相对心理向度表示成就动机水平。研究表明,男性在"希望成功"上占优势,女性在"恐惧失败"上为多数。霍纳的研究提出了女性具有成功恐惧的趋向和逃避成功的动机。这种对成功的恐惧,主要体现在担心工作束缚自由,害怕难以胜任工作。对于极富复杂性和竞争性的创业活动来说,女大学生成就动机比较弱,弱化的成就动机抑制了创业意识,从而导致女大学生创业意识薄弱。正是这种恐惧失败的心理,导致许多女大学生贪图稳定,不愿冒险,更是恐惧创业失败带来的风险,宁可低层次就业,也不愿自主创业。

二、社会因素

(一)社会传统性别观念的影响

社会传统思想偏见对女大学生创业的影响较大。中国传统文化中的性别文化根深蒂固,"男尊女卑"等传统性别偏见的思想禁锢着许多人的头脑。受这种观念的影响,社会上一部分人认为,女性应该从属于婚姻与家庭,应该安心地在家相夫教子,大学生毕业后捧个"铁饭碗",再嫁一个条件不错的如意郎君,这就是最好的人生选择。

创业的女性则被认为是不安分、不想居家过日子,她们往往不被接受和理解。夫妻共同创业和父女联合创业的个案,在创业时大部分的对外活动都是由其丈夫或父亲出面,这也是传统观念中"男主外,女主内"的一种形式。但是其他独自创业或和同学合伙创业的个案,在创业时都有他人不同程度对其不接受和不理解。创业成功的女性被称为"女强人",在某种意义上有贬义的成分,而一些失败的女性则被认为"女人还是不行"等论调,在这种社会观念的影响下,女大学生在面临就业和创业选择时,还是会受到社会舆论的影响。女性整体创业水平偏低,有深层次的文化原因,传统社会性别文化约束着女性的创业能力。性别歧视现象充分体现了社会对女大学生能力的不信任,严重削弱了女大学生自尊、自信地参与社会活动的积极性和主动性。因此,改变传统社会观念对女大学生创业的消极影响,营造宽松的舆论环境对女大学生创业就显得尤为重要。

(二)创业环境不佳的影响

清华大学中国创业研究中心的"全球创业观察中国报告要点"中有数据显示,在37个参与国家和地区中,中国的创业环境排在23位,属于中下水平。我国创业环境的弱势表现在很多方面,如在政府政策、金融支持、政府项目、商务环境、创业文化与社会规范等。由于大的创业环境不善,女性创业环境和大学生创业环境等均没有得到良好的保障,创业环境直接影响着女大学生的信心和创业能力。虽然国家为了鼓励大学生自主创业,对自主创业的大学生提供了种种优惠政策,然而很多政策措施在执行过程中变了形,走了样,创业大学生并没有享受到某些真正的税收优惠,尤其针对女大学生的政策和优惠措施更少,并且对于女大学生而言,有些优惠政策在操作过程中实现的难度也大。具体表现在:一方面是由于办理的手续繁杂,另一方面申请的创业贷款数额较小。因此女大学生自主创业的社会环境欠佳,使得女大学生自主创业成为当前就业"热"中的"冷"选择。

(三)创业政策不完善的影响

一个社会能够允许创业、鼓励创业,首先表现在法律和政策上要允许个人创办、经营企业,逐渐完善的《中华人民共和国合伙企业法》和《中华人民共和国公司法》等法规的相继出台为创业者提供最基本的法律保障,营造了宽松的创业环境。在创业政策方面,目前国家和政府也积极地出台了一些鼓励大学生创业的优惠政策,然而不论是在银行系统、保险系统、工商系统还是税务系统等都没有直接的配套政策。近几年来,国家和地方政府以及一些高校出台了一系列支持和扶持大学生创业的政策和措施,这些为大学生创业解除了许多后顾之忧。但仔细分析思考就会发现这些创业政策在实施过程中还存在一些问题,具体表现在以下3个方面。

1. 制定政策不够匹配

近年来,各级政府高度重视高校毕业生就业,并加大了扶持就业、鼓励自主创业的力度,但是对毕业生的就业创业行为的有效支持和帮助体系还未完全形成,尤其是缺乏女大学生就业创业的倾斜政策,如女大学生对创业就业扶持优惠政策知晓率低,申请小额贷款担保手续复杂、办理时间长、融资渠道少,缺少方便快捷的人性化服务等。因此女大学生虽然在心理上认同创业,但有创业行动的人是少之又少。大学生创业是一个系统工程,它不仅是高校的事情,而且需要各级政府担负起主要责任,需要全社会各行各业的支持。但目前除了教育系统、劳动保障系统、人事系统外,银行系统、保险系统、工商系统、司法系统、税务系统、投资基金系统等,都还缺乏相应的、专门的扶持大学生创业的配套政策和措施。

2. 政策落实不力

尽管国家再三强调各级政府和各高校要大力支持和扶持大学生创业,纷纷颁布一系列的大学生创业政策,但一部分地方政府、相关职能部门以及高校并没有及时制订相应措施加以贯彻落实,鼓励女大学生创业的优惠政策的宣传力度和执行力还不到位。各级政府、各职能部门各有各不执行的理由,条块分割,各行其是。政府部门的政策、法律法规宣传不到位,部分政策的执行力度不够,许多优惠政策也没有真正落实到位,很多女大学生对当前的创业政策不了解、不熟悉,有的甚至对相关政策不认可。在调查过程中,当谈到国家优惠政策对其创业是否有帮助时,有80%女大学生回答在创业时根本没想到去申请国家优惠政策。个别访谈中,丁某在创业初期曾试图申请,但是在了解有关手续办理烦琐之后就放弃了。可见我国针对大学生自主创业的优惠政策在实施过程中还存在弊端,不利于高职院校女大学生创业能力的培养。

3.政策治标不治本

目前,大学生创业主要存在缺乏创业资金和创业管理经验与能力这几个问题。现有的扶持大学生创业政策中,毕业生在办理创业经营许可证过程中可享受到一些优惠条件,但关键的创业资金、创业能力等问题就不容易在短期内解决。

三、家庭环境因素

由于受长期存在的重男轻女思想的影响,女孩从小生长环境都受到诸多的限制与约束,一些家长要求女孩就应该当"乖乖女",当这种意识被女孩逐渐内化以后,不仅创新精神和创业意识受到了压抑,而且使女大学生自卑的心理状况更加严重,致使很多女大学生不自信,与男性竞争的自信心越来越低。由于家庭这种环境的影响,很多女大学生还固守着"嫁鸡随鸡,嫁狗随狗"的这种想法,希望毕业后随便找个轻松稳定的工作,甚至把个人幸福寄托在男方身上。对女大学生来说,创业本身存在风险,她们也害怕承受,宁愿放低标准就业也不愿创业。此外,家长对女大学生创业缺乏足够的认识,他们认为创业是男人的事情,对于女大学生来说创业太辛苦,受传统社会文化心理的影响,多数家长认为女孩子大学毕业后能够找到一个相对安稳的工作就行了,所以他们不鼓励、不支持女大学生创业。家庭是避风的港湾,女大学生创业首先要得到家人的理解和支持,才能在以后的创业道路上得到精神的鼓舞。因此,女大学生在创业过程中,如果缺少家庭的精神支持和资金支持,那么在很大程度上将影响高职院校女大学生的创业心理和行为。

四、学校教育因素

(一)初等、中等教育创业培育空缺

中高考看的是成绩、分数,中学里奉行的谁的分数高谁就是好学生,分数高就能考上重点中学、重点大学,就能找到理想的工作,顺着这思路,全国一盘棋,所有学生的目光盯着分数。学生们一天拼命地"好好学习",除了学习,许多考试之外的东西都没时间去关注,学校里素质拓展的部分也被省略掉了,音乐、体育、美术等"副科"也取消了,没时间就不上了,我们将素质教育早早地抛在脑后,因为没时间,因为要迎接一场场的考试,中考、高考、研究生招生考试……其实,中学是学生各种能力形成时期,也是关键阶段,这个时期我们的学校在忙着中考、高考,学生的全面发展和个性化培养都是纸上谈兵。素质教育推行不尽人意,更不要说进行创业教育和培养创业能力了,创新意识和创业意识都没有得到应有的重视。而在美国,对学生的创业教育从小学就开始了,随着"金融扫盲 2001 年计划"的开展与实施,美国在小学、中学和高中相应开设了一些经济基础和商业课程,从小培养学生的创业意识。与美国相比,我们忽视了对学生进行创业意识和创业能力的教育,在初等、中等教育创业培养方面是空缺的。

（二）高等教育创业教育缺失

大学生创业失败，不仅仅是创业能力低，创业技能上存在差距，最主要原因在于我国缺少完备的大学生创业教育系统。我国高校的创业教育起步较晚。尽管人们逐渐认识到创业教育的开展对培育大学生创业意识和提高创业能力的重要性和必要性，一些高校也逐渐开展了相关的创业教育活动，比如开设与创业相关的课程，提供创业孵化，进行创业指导等，但是创业教育没有规模化、系统化。大部分女生对自主创业的认识主要源于一些自主创业成功人士的讲座、网络上的一些相关信息和自身熟识的人员，这种认识往往是感性的、片面的、零碎的，谈不上是创业教育。现行的创业教育针对的是所有的大学生，没有根据性别差异施行针对女大学生的创业教育，更没有分层分类的创业教育。

高校缺乏女大学生创业氛围、创业文化的培育。在大喊创业口号的同时，我们仅仅看到的是形式主义，高呼大学生创业，但是没有为大学生创业做点实际意义的事情，对于女大学生创业，部分高校本着不鼓励也不支持的态度。创业缺乏师资力量，高校也不引进，许多高校在思想上不重视女大学生创业能力培育问题。此外，我国创业教育的观念落后，对女大学生创业教育缺乏必要的认识。据调查，仅有少数高校把大学生创业教育纳入正式的课程体系中，很多高校都没有开设创业教育课程，更别说针对女大学生的创业课程了，开展女大学生创业教育的高校真可谓是凤毛麟角。目前我国创业教育中没有针对女性的创业师资团队和课程，没有专门的管理与研究队伍；创业教育课程体系尚未形成，仅以选修课为主要形式，课程成熟度比较低，理论性强，实用性低；没有相关的创业实践基地与创业孵化基地，没有创业导师帮扶，创业教育实践环节薄弱；学术成果少，从事研究的学者也比较少，相关的研究仅见于妇联和一些社会组织开展的活动上。

总之,女大学生创业意识薄弱,创业能力不足,这与高校创业教育的缺失有非常大的关系。

第二节　高职院校女大学生创业能力不足的原因分析

高职院校女大学生要想成功创业,创业能力的培养是关键。大学生创业能力的培养是一项相当复杂的工程,离不开政府、社会、家庭、高校以及女大学生自身等各个方面的配合与努力。女大学生创业能力的培养,不仅需要政府为大学生创业实践活动提供政策、服务等措施,还要有社会和家庭大环境的支持与鼓励,创造良好的创业环境与氛围,更需要高校创业理论知识的获得和创业能力的培养。从调查中我们还发现,高职院校大一年级的女大学生创业动机水平显著高于其他年级。清华大学中国创业研究中心发布的《全球创业观察中国报告要点》指出,我国的创业类型以生存型为主,而不是机会型。参与创业活动的创业者绝大多数受过初等以上的教育,但随着文化程度的提高,参与创业活动的人数呈下降趋势。造成女大学生创业能力薄弱的原因与创业者的综合素质、创业认识、创业环境、创业教育等因素有关。

一、高职院校女大学生自身条件有待完善

(一)高职院校女大学生综合素质有待提高

女大学生创业素质主要指的是女大学生在创业过程中所需要具备的综合胜任能力,综合胜任能力的高低往往与创业成功概率及自身企业的发展与壮大紧密联系。具体可以表现在以下4

个方面:①创业意识。创业意识是创业成功的基础,为创业活动的进行提供源源不断的精神动力。②创业精神。创业过程中,需要女大学生时刻保持激情、树立坚定信念、具备高度社会责任感及诚信优良品质等。③创业知识。女大学生在创业过程中,需要掌握创业基础知识,如商业知识、市场运作、法律法规等,同时女大学生还应掌握在校期间的专业课程知识。④创业思维。创业思维主要是创业者运用创造性方法解决当前面临的难题,或者对企业未来发展进行筹划。

(二)高职院校女大学生创业认识有待提高

①高职院校女大学生要肃清创业认识的误区。通过与其他高校女大学生的经常接触可以了解到,女大学生大多数将创业活动理解为"实质性的经营活动"和"一般的社会实践"。创业需要激情、兴趣和冒险精神,但更多的是理性思考、成熟的心理和能力素质。目前我国女性创业的整体社会氛围还比较薄弱,主要因为人们思想上仍倾向于"女主内,男主外",对女性在事业上的期待较低,无形中造成了女性创业弱势心理。并且大多数高职院校女大学生对创业认识不够,创业准备不足,她们如果就这样走上自主创业之路,那么在创业过程中,一旦遭遇挫折,她们就容易丧失信心,甚至一蹶不振。

②高职院校女大学生的科学规划和决策能力需要提高。高职院校女大学生与所有高校女大学生一样,容易受感性认识的影响,往往忽略市场调查,缺少充分的市场分析和可靠的数据支持,对市场需求和创业方向把握不准,总把眼光瞄向热门行业,而这恰恰是市场经验不足和缺乏资金保障的女大学生所难以驾驭的。

③高职院校女大学生的素质能力需加强训练。创业是一个十分艰难的过程,特别是在创业的初期,往往会遇到意想不到的挫折和磨难。而女大学生在接受高等教育的同时,个人的独立思

考、团队合作精神、社交能力以及应变能力的培养需要加强。

二、社会体制和创业环境有待改善

社会体制、家庭环境、创业环境、创业政策是影响大学生创业意识培养、创业能力提高的重要因素。从社会体制来看,长期以来我国实行的是社会主义计划经济体制,在这种体制中,"铁饭碗""平均主义"思想极大地压抑了人民群众的创造性。在由计划经济体制向市场经济体制转变的过程中,我国各地区的市场经济体制改革推进速度不一致,有的地区快,有的地区慢,有的行业快,有的行业慢,结果是各地区、各行业经济发展不平衡。有的地区和行业不讲求成本核算与经营理念,有的没有激励机制,干多干少一个样,干与不干一个样,这就导致人们不愿意承担风险,不敢负起责任,更不敢去创新。数据统计显示,全世界大学生创业成功率为20%,在中国成功率则为10%。为什么中国成功率与世界相比会低10个百分点?原因是多方面的,如果把聚焦点放在创业的"准入门槛"上,许多已经成功的创业者会唏嘘不已,一些有创业欲望的则往往望而生畏。这说明由于我国尚处在体制转轨的过程中,市场准入中存在环节过多、周期过长等瓶颈,许多"证"挡住了创业的脚步,影响了自主创业的积极性。从家庭环境来看,因为受我国长期以来的小农经济和计划经济的影响,人们不认识市场经济,不理解经商,不以经商为荣,甚至认为"无商不奸"。这从侧面反映了传统的社会文化心理对创业产生的不利因素。家长以及亲朋好友的这种潜在的对创业不信任的社会心理,对想创业的大学生来说无疑是一种巨大的心理压力。大部分家长都希望自己的子女有一份安稳的工作,都不愿意让子女踏入社会承担风险。很多家长不能接受自己的子女一毕业就开始创业的做法,认为他们去创业是找不到工作单位、没本事、没出息的表现。

141

由此可见,我国大学生创业政策和措施不能仅限于在大学生毕业的时候或创业开始的几年内提供一些优惠的政策,而要有长远的战略眼光,创业政策和措施不仅要应急,更重要的是要有前瞻性,要制订近期政策、中期政策和长远政策,以促进大学生创业意识、创业精神和创业能力的培养。政策的起点要从中小学教育开始,要注重青少年创业素质和能力的培养。政策还要注重建立起一套对那些准备创业和正在创业的大学生们给予创业启动、创业过程、创业发展培训和创业跟踪指导等全过程扶持帮助的服务体系。

三、学校创业教育有待充实

①从整个中学教育阶段来看,我国初中教育阶段实行的是"中考"教育,高中教育阶段实行的是"高考"教育。这两种考试基本上是通过卷面成绩来评价学生,教育主管部门、社会各界和家长不自觉地以学校培养出多少高分学生和考上多少重点中学和名牌大学来评价学校,各高校录取新生也是按高考分数线,从高分到低分录取到不同批次的高校。有创新创业能力的学生,如果高考后达不到录取分数线,没有学校可以破格录取。这种中、高考体制导致中学、家长和学生本人都在"逼"学生读书。学校只重视与中考、高考密切相关的课程学习,更重视培养学习的能力,而不重视教育和培养学生自信快乐、自理自立、捕捉机会、创新创造、抗压抗挫、组织管理、团队合作、人际沟通、诚实守信等能力和素质,而这些恰恰是未来创业应具备的基本素质。中学阶段是青少年身心发展和各种素质养成的重要阶段,如果这个阶段不重视创业素质的培养,将成为我国国民创业心理发展的一个断层。

②从高等教育来看,高校特别是地方高校的创业教育严重缺失。2016年上半年,笔者通过走访兄弟院校、电话询问和网络查询等形式调查了解了重庆市内3所高职院校创业教育的现状,结

果显示:大学生毕业时创业人数不到毕业生人数的 0.25% , 与重庆市年度就业率状况统计情况基本吻合。从调查可以看出,学校管理层面对创业教育没有引起足够重视,学校没有将创业教育问题提到议事日程上来,有创业理论又有创业实践经验的创业指导老师缺乏。这些都说明高校尤其是高职院校创业教育缺失,创业教育的普及程度很低。

中学教育和高等教育是人生历程中重要的阶段,而我们的主流教育体系与核心教育资源,在基础教育阶段致力于"升学",在高等教育阶段致力于"学历"教育,始终围绕的目标是"考试",从而导致教育出来的大学生更多的是应试型人才,真正的高素质型人才不多。有很多大学生长于考试,理论多于实践,动手能力与适应能力差,对社会的认知了解与社会职场的真实要求相差甚远。这些现象要引起政府和高校的高度重视,如果在这两个重要阶段不高度重视素质拓展教育和创新创业教育,那我国国民创新创业能力不强的现状是很难彻底改变的。

四、家庭支持有待增强

随着高等教育大众化不断推进,解决高校大学毕业生的就业问题是我国当前高等教育工作的重点,解决高职院校女大学生的创业问题更是重中之重。作为高职院校,我们要从宏观上抓实"双创"工作(下面以重庆城市管理职业学院为例论述)。从微观上落实创业教育与实践活动,并提出策略和建议,指导和扶持更多的大学生进行创业,把女大学生创业素质和创业能力的培养作为发展的目标,转变观念,改变传统的人才培养模式,着力培养高职院校女大学生的创业能力,缓解就业压力,为经济的发展和社会进步作贡献。

第六章

高职院校女大学生
创业能力培养的对策

第一节　从宏观上抓实"双创"工作

2018 年 10 月 9 日,李克强总理作出重要批示:近几年,在各方面共同努力下,"双创"活动蓬勃发展,为激发创新潜力和市场活力、扩大就业发挥了积极作用。面对新形势,要以习近平新时代中国特色社会主义思想为指导,认真贯彻党中央、国务院决策部署,按照高质量发展的要求,更大力度实施创新驱动发展战略,持续深入推进"双创"。可见,伴随着中国经济和社会转型的深入,鼓励创业创新已成为推动国民经济持续稳定增长的重要抓手,也越来越成为各级高等院校深化教育教学改革,转变人才培养模式,培养造就数以万计的高素质建设者的重大举措。

目前自主创业已成为大学生就业的新趋势。然而,创业之路异常艰难,大学生要想成功创业,创业能力的培养是关键。培养大学生创业能力,是坚持以人为本,构建社会主义和谐社会的迫切需要,是适应社会主义市场经济发展的需要,是缓解不断增大的社会就业压力的需要,是我国高等教育改革的方向。

为进一步深化学校创新创业教育改革,全面提高人才培养质量,促进学生全面发展,推动毕业生创业就业,更好地服务国家现代化建设,根据《国务院办公厅关于深化高等学校创新创业教育改革的实施意见》(国办发〔2015〕36号)、《教育部办公厅关于报送深化创新创业教育改革实施方案的通知》(教高厅函〔2015〕59号)及《重庆市人民政府办公厅关于深化高等学校创新创业教育改革的通知》(渝府办发〔2015〕136号)等文件精神要求,结合学校实际,从宏观层面狠抓"双创"工作,为高职院校女大学生创业能力培养保驾护航。

一、加强组织领导工作,健全保障体系

2015年9月底,为响应国务院办公厅《关于发展众创空间推进大众创新创业的指导意见》文件精神,经重庆城市管理职业学院院长办公会研究决定筹建重庆城市管理职业学院众创学院。众创学院由校领导牵头,科研与规划发展处、教务处、学生处、财务处、对外合作处、人力资源处、图情信息中心、宣传部、后勤处负责人为成员。众创学院下设众创空间管理办公室,具体负责城市星光众创空间的日常运营管理,支持创新创业平台建设发展及科研成果成功孵化,保障和监督众创空间各项决策的顺利落实。

出台支持政策文件,夯实双创体制机制。通过建立引导激励机制、保障机制,加强师生创新创业积极性。学校积极落实国家和重庆市有关支持政策,2016年1月起,学校各职能部门相继新出台或修订了符合众创空间政策的制度文件10项。科研与发展规划处制订了《众创学院设置方案》《城市星光众创空间管理办法(试行)》《重庆城市管理职业学院众创空间经费管理办法(试行)》,明确了众创空间管理与经费使用。人力资源处制订了《重庆城市管理职业学院鼓励专业技术人员创新创业的人事政策(试

行)》,设计出教职员工在岗、离岗(3 年)创业、进入"众创学院"的兼职创业导师队伍的人事管理相关制度。教务处制订了《重庆城市管理职业学院深化创新创业教育改革实施方案(试行)》《重庆城市管理职业学院鼓励学生创新创业学分制学籍管理补充规定》,落实了学校深入实施创新创业教育的实施方案,设计出学生在校、休学(3 年)创业的学籍管理相关制度以及创新创业学分认定细则。学生处制订了《重庆城市管理职业学院大学生自主创业项目评审及资助办法》,设计出学生参加科技创新活动的学生科研管理相关制度。科研与规划发展处制订了《重庆城市管理职业学院科研成果转化管理办法》,设计出参照学校横向项目管理办法,仅收取众创空间培育的创新创业项目社会投资资金的 5%(不超过 2 000 元)作为科研管理费,项目科研成果转化中所取得的收益都将全额奖励科研项目牵头人、骨干技术人员等重要贡献人员和团队,全力支持项目的后期孵化和发展。

146

二、深化创新创业教育,培育创新创业意识

通过实施"创新创业必修课程+创新创业培训课程+创新创业竞赛辅导"形成三位一体协同创新创业育人模式。创新创业必修课程中每个专业均开设创新创业教育课程 32 课时、职业生涯规划课程 32 课时、就业指导课程 32 课时。每个二级学院创客中心结合自身专业特点,有针对性地开展技术创新、创立公司培训。同时城市星光众创空间以赛促学,以赛促创,开展高质量的竞赛辅导。通过三方面协同育人培养出最具有创新创业意识和能力的大学生,包括首创精神、冒险精神、创业能力、独立工作能力以及技术、社交和管理技术的培养。

三、建立三级孵化机制,夯实三级孵化平台

为了给师生提供良好的创新创业服务平台,由众创空间管理

指导办公室负责统筹协调,城市星光众创空间积极创新服务模式,实施三级孵化模式,科学孵化创新创业项目。目前已基本建成以二级学院创客中心为基础、城市星光众创空间为核心、校外众创空间为出口的三级创新创业平台。

第一级孵化是以二级学院为管理主体的创客中心(基地)孵化,如工商管理学院的 U 客众创空间和电子工程学院的 e 客众创空间等二级学院管理的创客中心孵化。U 客众创空间以我校师生创客提供电子商务、现代物流等领域的创客实践服务平台、e 客众创空间以我校师生创客提供电子信息领域的创客实践服务平台。通过创新创业培训和创新比赛活动,发掘创新创业好苗子,让有创意的学生进入各自领域的创客中心进行创意培育,引导他们成为一个创业者,当学生的创意在创客中心中形成作品或产品后,且有意愿进行进一步创新创业时,可申请进入第二级众创空间。

第二级孵化是以学校为管理主体的城市星光众创空间服务场地内孵化。学校会积极对接社会资源,为有作品或产品的创业学生争取科技种子基金、天使基金和青创基金,有效解决同学们创业初始资金难题。在公司注册、公司代账、公司运营方面给予帮助和指导。让更多的学生获得初始资金成立初创公司。当学生初创公司发展到一定规模,需要更大的市场和社会资源时,可申请进入第三级众创空间。

第三级孵化是依托校外孵化器、加速器(如重庆 D+M 浪尖智造工场、重庆大学生微企梦花园等)帮助创新创业的学生走出去,在校外进行创新创业孵化,提升初创企业的社会适应能力和创新产品的社会影响力。学校与校外的相关孵化器建立了合作关系,由一些更加专业的创新创业机构为学校师生提供更加专业化的孵化和指导。校外孵化器是以校外企业为管理主体的,可以充分发挥校外资源优势助推学生创新创业,如 D+M 浪尖智造工场是国家级众创空间、重庆市众创空间理事长单位,可以为毕业生初创公司带来更多的社会资源,更好地为创业服务。目前学校已有 5 个创新创业团队从城市星光众创空间毕业,入驻重庆 D+M 浪尖智造工场。

四、强化立体指导服务,助力创新创业成效

城市星光众创空间是由重庆城市管理职业学院主办,重庆城市管理职业学院众创学院直接运营管理的重庆市市级众创空间。以 500 m^2 创客服务中心为主体,涵盖创客工位、创客会议室、创客路演室,以直通国际物流创客中心(U 客众创空间——重庆市高校众创空间)、电子产品设计与制造创客中心(e 客众创空间——重庆市高校众创空间)、"微型绿植"创客中心、雪中炭创客中心、蓝鸟软件开发创客中心、物联网创客中心、金夫人儿童摄影创客中心、蒙妮坦人物形象创客中心等各二级学院创客中心为公共服务场地,众创空间场地总面积达 3 043 m^2,提供工位数 100 个。

在管理、导师团队建设方面,为加强孵化管理水平,城市星光众创空间建立了以众创学院众创空间管理办公室为主体的专职服务团队 4 人,城市星光众创空间学生兼职管理员 2 人(勤工助学岗),同时引进社会资源如重庆浪尖渝力科技有限公司、重庆汇创文化传播有限公司管理人员组成 2 人的兼职服务团队,建立起一支 8 人的专、兼职孵化服务团队。为提高孵化技术服务,以专业为基础,向全校征集有行业企业、创业经历的教师担任专职创业导师,总数 41 人;共建合作单位重庆汇创文化传播有限公司、重庆浪尖渝力科技有限公司建立了双轨导师制,由他们提供全国知名的兼职创业导师 10 人,如上海交通大学创业学院创业导师团、浪尖集团创业导师团,建立起一支 51 人的电子信息、电子商

务、养老服务、文化创意、金融法律等领域的专、兼职导师队伍。

总而言之,学校将深化创新创业教育改革作为推进教育教学综合改革的突破口,树立先进的创新创业教育理念,以提升学生的社会责任感、创新精神和创业能力为核心,以改革人才培养模式和课程体系为重点,以落实大学生创新创业计划为目标,协同配合,汇聚合力,形成创新创业良好环境。将创新创业教育融入人才培养全过程,大力推进学校创新创业教育工作,全面提高学生创新创业能力和人才培养质量,为经济社会发展提供高素质技术技能人才。

第二节　构建高职院校女大学生
创业能力的培养体系

研究高职院校女大学生创业能力培养,不但可以使学生具备较高的综合素质以便更好地实现就业,而且对高职院校教学改革也有着深远的意义。高等教育面临的一个实际问题就是如何培养高职院校大学生的创业能力。

一、转变传统的教育观念

转变传统的教育观念,从就业教育转向创业教育。长期以来,我国社会、家庭都缺乏对学生创新精神与创业意识的培养教育。清华大学创业中心的一项调查报告显示,在创业教育上,我国的平均水平低于全球创业观察(GEM)统计的平均水平。因此必须尽快转变我国大学传统教育理念,加快高校人才培养模式的改革与创新,将就业教育转向为创业教育,尽可能以创业者的培养作为各大学的改革方向和目标。同时我们必须明确,大学创业教育不是培训,也不是短期的技能传授,它是一种以创新能力和素质培养为目标,以满足社会经济发展和社会财富积累对高素质人力资源需要的教育。教育观念的转变,需要高校摒弃传统的教育观念,充分理解素质教育的基本思想,将创业理念渗透到高校教育理念中。素质教育目的在于提高全民素质以至于全人类的素质,不只是针对小学生、初中生和高中生,它要求大学生以及全社会的所有人都要努力提高自己的素质。传统的教育模式阻碍了大学生素质教育的开展与实施,压抑了学生的创新思维和创造能力的发展,而大学生创新意识和创业能力的形成与素质教育的关系是非常密切的。因此,大学创业教育应着眼于造就以创业为其职业发展的基本价值取向、最具创新性的大学生,以创业意识树立、精神培养、能力提高为创业培养目标。

为培养高职院校女大学生的创造能力,需要学校提供一个良好的教育环境。学校要考虑如何实施素质教育,培养女生的创新精神和创造能力,并使受教育者的个性和潜能得到充分的发展,建立适当的创新机制,培养女生的创造力和想象力。同时,创造更多的创业实践活动机会,鼓励女生进行积极的实践,让女生创业实践能力得到提高与发展。以各组织或部门的创业大赛为依托,开展形式多样、丰富多彩的竞赛等活动,激发女生的创业热情以及创新创业意识,注重女生素质教育的拓展。因此,彻底实施素质教育,将创业教育深入到素质教育中是教育改革的必然趋势和发展要求。

二、定位特色的人才培养目标

高校的人才培养目标决定着高等学校的发展方向,直接影响着人才培养的层次、类型和规格,也反映着当今社会、政治、经济以及科技对人才的培养的需求。高等教育的人才培养目标,不仅担负着学生素质全面提高的重任,还要培养学生积极的人生态度、坚定的人生理想、顽强的意志、敢想敢干的冒险精神等。简单地说,高校人才培养目标就是把学生培养成为什么样的人的问题。

如何培养适应知识经济的创新人才,使培养的人才受欢迎,并且充分为社会经济发展服务,是高等学校需要着力思考和解决的问题。由于我国高等教育行政体制和条块分割的现状,不同的高校隶属于不同的管理部门和系统,在很大程度上制约着高校的人才培养目标。高等学校培养的人才是为社会发展和经济发展服务的,每所高校的具体情况是不同的。重点高校的培养目标是什么?普通高校的培养目标是什么?高职院校的培养目标又是什么?目前很多高校并没有明确自己的目标,出现全国一盘棋、千篇一律、千人一面的情况:专科院校向本科院校看齐,普通院校向重点院校看齐;与此同时,教学型大学向教学研究型大学靠拢,教学研究型大学向研究教学型大学看齐,而研究教学型大学又想跻身于研究型大学。高校人才培养目标处于趋同化,缺乏特色与自己的个性。高校这种趋同化的定位思想直接影响着高校人才培养方案、专业设置以及教学课程体系,其中一个比较明显的表现是:高校专业设置雷同,直接后果就是人才培养规格单一,大学生创新素质没有得到发展,创业意识薄弱,创新能力不足。针对这个情况,各个高校应该根据自身情况、学校优势、专业布局、生源结构、学科特点以及人才培养模式等客观条件,同时考虑地域优势和市场需求以及学生的就业特点,对自身进行合理科学的定位。

这些目标的实现是以人的全面发展为基础和前提的,高校应针对自身的问题,以社会经济发展和市场需求为导向,重新定位人才的培养目标,充分挖掘大学生的创造潜能,使培养的人才素质过硬,有扎实的专业知识和良好的专业技能,善于抓住机会,敢于面对任何挑战与困难,有良好的创新精神和创业意识,过硬的创业素质和良好的综合能力。这是我们当代创业教育的目标,也是高职院校人才培养的目标。

三、改变传统的人才培养模式

高校培养的人才进入劳动力市场后,很难得到用人单位的普遍认同。很多大学毕业生工作之后,单位要花很长时间对其进行专业知识教育、职业能力培训等相关工作,毕业生也要在这个岗位上经过一段时间的考验和磨炼,才能正常地工作,发挥作用,得到赏识并被重用。有很多有创业想法和创业意愿的大学生,在真正走上创业之路后,却不得不从很简单的创业知识学起,从一线的创业实践开始。为什么受过高等教育的人才在真正进行创业时会出现如此状况呢?这势必与高校的人才培养模式有着密切的关系,我们究竟要培养什么样的从业者,让他们去为社会服务,这是我们高校要反思的问题。

长期以来,一方面,高校注重大学生理论知识的传授和学术能力的培养,忽视大学生实践能力的锻炼,有些高校的教学实践就是个形式,缺乏相关的管理,也没有大学生实习实践考核标准与实践机制。学生去实习单位没有实习指导老师帮助指导,抛开实习单位的态度(配合或不配合)来说,有的学生对实习实践不感兴趣,压根不去实习,个别实习的学生也是装装样子,实习结束时盖章了事。对大学生实践不重视的态度,最终导致部分大学生毕业后,这也不会那也不会,眼高手低,也不愿付出努力。另一方面,高校偏重就业型人才的培养,轻视创业大学生的培育。偏重知识的培养,忽视大学生创业能力的培养。这种短浅的目光,使大学生缺乏创新精神和能力,是只有知识武装的书呆子,直接影响其发展前途。应改变高校的这种培养模式,推动创新教育的发展,以培养大学生创新精神和创新能力为价值取向。在此基础上再培养大学生创业意识和创业能力,让学生以良好的创业素质迎接创业时代挑战。

四、构建特色的人才培养方案

特色的人才培养目标,不仅反映在人才培养模式上,还体现在特色的人才培养方案上。人才培养方案是人才培养目标和人才培养模式的直接反映。高校人才培养方案是高校人才培养的基础和主要依据,它包括人才培养目标及培养的规格、课程的开发与设计和人才培养模式的实施与保障。人才培养方案是系统的体系,各个高校应该如何进行专业设计、课程设置、师资聘任等,并采取什么样的方式和形式进行人才培养,培养的标准是什么,怎么进行衡量与考核,如何能充分地体现学校的办学质量与水平等,这些都是高校人才培养方案需要思考的问题。针对大学生创业问题,包括女大学生创业,高职院校首先要正确认识,紧紧围绕人才培养目标,以市场为导向,围绕学校的实际情况,加大力度研究出有本校特色和个性的创业培育计划,为高职院校女大学生创业能力的培养扫清道路,开创局面。

第三节　完善高职院校女大学生创业教育体系

完整的创业教育体系包括创业理论体系和实践体系。创业理论体系主要表现在创业教育课程体系、教育教学方式和方法上;而实践体系主要包括创业实践基地建设、创业导师队伍建设以及创业活动方面。王惠琴在《高职院校女大学生创业教育体系构建模式》一文中提到,构建创业教育体系,应该着重从建设创业教育课程体系、搭建创业平台、建设高素质创业教育师资队伍、加大对其创业教育政策扶持力度等几个方面构建。① 她指出,目前的大学生创业扶持政策并没有将女大学生创业单独划分出来,政府可以在现有基础上,给予一定的政策倾斜,刺激女大学生进行创业活动。同时,我们要从高校和社会出发,开展有效途径构建创业教育体系。

一、创建科学的创业课程体系

创业能力是一种综合能力,要针对创业能力的不同要素,遵循创业教育教学的规律,合理设置创业课程,构建以学科课程、活动课程、实践课程和环境课程为核心的"四位一体"创业课程体系。其中学科课程主要以课堂教学的形式教授创业的基础理论知识,为培养大学生的创业技能奠定基础;活动课程主要是采取课堂讲授、现场参观、听企业经营者或小企业经营教育专家讲座、案例分析、研究活动等多种方法,在活动课程中能使创业理论与创业实践有机结合,充分激发大学生的创业激情并形成良好的创业心理品质;实践课程主要是通过"校企合作"的方式,采取有针对性、操作性极强的创业设计、企业运营的实践来培养学生实践能力,进而提升创业技能,积累创业经验;环境课程主要包括创业人文环境、创业舆论导向和创业氛围等,良好的环境课程可以使

① 王惠琴.高职院校女大学生创业教育体系构建模式[J].合作经济与科技,2015(23):128-129.

学生受到潜移默化的启迪和感染,并养成良好的创业习惯。

李虹在《基于创业经济时代下高校女大学生创业教育研究》中,将国内男女大学生的就业情况进行对比分析,并通过对创业教育相关的理论体系以及对国内外著名高校创业教育典型案例进行分析,构建针对女大学生特性的创业教育课程体系。她认为高校女性创业教育课程可分为专业课程、通识课程和实践课程,而专业课程为核心,辅之以通识课程与实践课程,构建针对女性创业教育的课程体系。①

课程是创业教育的载体。目前,高职院校针对女大学生性格特点和创业特征进行的创业课程还存在着很大的局限性,也没有专门针对女性创业的教材,对女大学生进行创业培育的创业知识大多是通过相关课程实现的,例如《创业心理学》《大学生创新创业》《创业经济学》《创业法律法规》等课程的设置是必不可少的。

为了帮助女大学生正确认识自己,认识自身的优势和劣势,高校应该在课程设置方面,注重差异化,努力构建创业系统化、科学化的课程体系:①调整专业课程设置,开设与女性性别有关的课程,如《女性心理学》《女子教育史》《女性创业基础》《女性就业创业指导》等的必修课和选修课,并纳入学分管理,完善创业教育课程体系;②加快创新创业教育优质课程信息化建设,推出一批资源共享的微课、网络公开课等在线开放课程;③建立在线开放课程学习认证和学分认定制度;④组织创业教师、专业带头人和创业专家编写创业教材,积极开发创新创业类课程;⑤构建女性创业实践课程,增强女大学生的创业能力和技能。通过对女大学生进行相关的创业教育,培养其创业意识,提升其创业技能。

---

① 李虹.基于创业经济时代下高校女大学生创业教育研究[J].技术与创新管理,2010,31(02):222-224+234.

创业课程体系是大学生创业能力培养的核心部分,包括学科课程、活动课程、实践课程和环境课程。实施大学生创业能力培养的课程体系要以各个年级学生的特点以及对创业的认知程度为依据,构建由浅入深的理论与实践课程的学习,真正把大学生创业能力培养融入大学教学中。为此,我们设计了高职院校由大学一年级到大学三年级的课程体系。

(1)大学一年级

学生刚入学,主要是进行自己专业的学习,对于创业课程要以简单的、基础的入门课程为主。包括《创业概论》《创业管理基础》《商务沟通与交流》《创业实务》《创业社会常识》《创业指导》《创业心理和技能》《公共关系》等基础课程。在创业活动方面,以创业系列讲座和创业报告会为主,引导大学生转变观念,增强创业意识。

(2)大学二年级

进行了基础的理论学习之后,学生对创业有了一定程度的了解,接下来要以相关的创业知识为主,全面细化地学习。课程包括《团队训练》《创业市场调查》《创业法律学》《企业财务基础》《创业营销学》《创业战略》《创业融资》《创业计划》等相关专业知识。聘请专业的老师对学生们进行 SYB 培训,进行系统的学习。创业培训课程主要分为"创业意识培训"与"创业计划培训"两大板块。经过 SYB 培训,帮助大学生正确认识自我,创业意识得到增强,能够形成一个相对完善的、实际的企业构想,并且能对市场环境有理性的认识,正确对市场进行评估。在创业实践活动方面,为学生搭建与创业专业人士和企业家沟通交流的平台,以"拓展训练"实践课程为主,开设创业训练营,聘请专业的拓展训练师,对学生进行科学系统的拓展训练。此外,举办大学生职业生涯计划大赛,模拟创业、开展创业论坛等,使学生逐步深入创业活动中,培养自主创业的能力。

（3）大学三年级

通过前面两年系统理论知识的学习以及参加一系列创业实践活动,学生们在大学三年级的学习侧重于实践的锻炼。这一年,可以到学校的创业实践基地进行模拟训练,有条件的同学可以开始创业(见图7)。

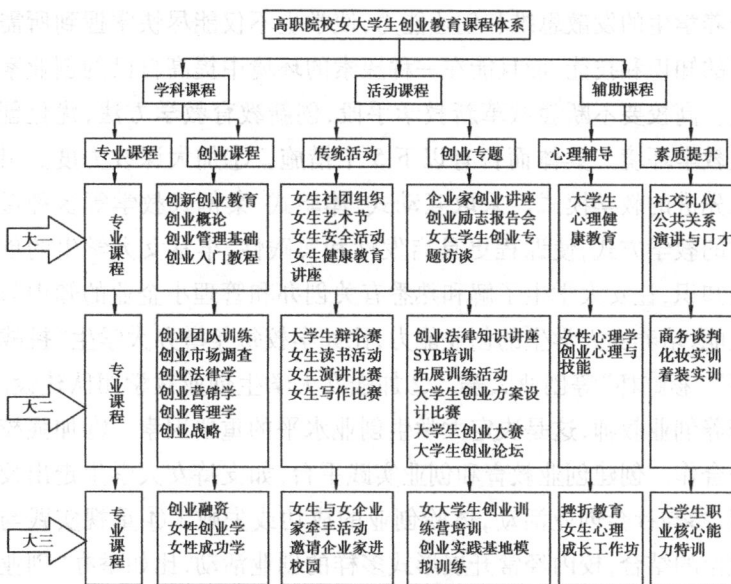

	专业课程	创业课程	传统活动	创业专题	心理辅导	素质提升
			高职院校女大学生创业教育课程体系			
	学科课程		活动课程		辅助课程	
大一	专业课程	创新创业教育 创业概论 创业管理基础 创业入门教程	女生社团组织 女生艺术节 女生安全活动 女生健康教育讲座	企业家创业讲座 创业励志报告会 女大学生创业专题访谈	大学生心理健康教育	社交礼仪 公共关系 演讲与口才
大二	专业课程	创业团队训练 创业市场调查 创业法律学 创业营销学 创业管理学 创业战略	大学生辩论赛 女生读书活动 女生演讲比赛 女生写作比赛	创业法律知识讲座 SYB培训 拓展训练活动 大学生创业方案设计比赛 大学生创业大赛 大学生创业论坛	女性心理学创业心理与技能	商务谈判 化妆实训 着装实训
大三	专业课程	创业融资 女性创业学 女性成功学	女生与女企业家牵手活动 邀请企业家进校园	女大学生创业训练营培训 创业实践基地模拟训练	挫折教育 女生心理成长工作坊	大学生职业核心能力特训

图7 高职院校女大学生创业教育课程体系构建

另外,合理的必修课与选修课比例是课程性质设置的关键。创业必修课程是开展创业教育的基础课程,重在激发学生的创新精神和创业意识,进而拓宽学生的创业知识面,提高创业技能。选修课是根据学生的兴趣、特长、学习阶段等设置的课程,可按照"总体设计、分类实施、自愿分流、阶段考核"的原则组织实施。

二、革新教学手段,创新教学方法

创业知识和能力的培育大部分是在课堂中进行的,课堂教育教学方式和方法对大学生的创新和创造能力的启发发挥着非常重要的作用。传统的教学方式主要是依靠老师讲,"满堂灌"忽略了学生主体对所讲内容的认识和实践,不仅无法调动学生的积极性和主动性,还扼杀了学生的创新意识和创新精神。创业教育的实施,要求高校的教学方式和方法要创新,倡导教师要在一种轻松、自由的氛围中,灵活运用多种教学方法,鼓励学生创新创业,培养学生的发散思维和创业能力,使学生不仅能尽快掌握到所需要的知识和技能,而且能在一种探索的环境中提高自己的创业素质。高校要不断尝试革新教学手段,创新教育教学方法,优化创业教学环境。具体而言有以下 5 个措施。①加大课改力度。引入先进的教学模式。采取互动式、体验式、案例式教学等多种形式的教学方式,使课程更具启发性和实践性,丰富女大学生的创业知识,让女大学生了解和熟悉有关创办和管理小企业的知识与技能,培养女大学生的创业能力,比如学校每年举办大学生"挑战杯""彩虹杯"等创业大赛。②加强女大学生创业教学团队建设。培养创业教师,这是决定大学生创业水平的重要因素。③加强校企合作。创建创业教育和创业实践平台,如支持女大学生走出校门,参与社会创业活动,体验创业的成功或失败。④重视实践与理论的结合,校内经常开展形式多样的创业活动,比如举办"创业现场观摩"、"创业方案"设计大赛、"我的创业梦想"演讲比赛、"创业知识"竞赛,鼓励女大学生成立创业社团组织、女生创业俱乐部、女生创业者协会等。⑤优化创业教学环境。通过案例教学,或者邀请风险投资专家、白手起家的女性企业家们进校园现身说法,向女大学生传授市场、财务、融资、人事等各项专业知识,面对面分享创业经验,激发女大学生的创业意识。

三、加强创业教育师资队伍建设

加强创业教育师资队伍建设表现在两个方面:一方面是创业

教育师资队伍的建设,另一方面是女大学生创业导师队伍的建设。高校女大学生素质和能力的培育需要一支高素质、高水平的教师队伍。长期以来,高校在教师队伍建设方面关注的只是有研究能力的人才,而忽视了能够很好进行创业教育的教师。高校创业教育的开展,要求我们引进和培养能够适应创业教育的教师队伍。良好的师资队伍是创业教育顺利实施的保证,高校要悉心打造一批既具有创业理论知识也具有创业实践经验的师资队伍,可以聘请校外的创业成功人士,也可以培养本校的教师。另外,除了师资队伍的建设,高校要为女大学生聘请一些既有理论知识又有实践经验的创业专家担任女大学生创业导师。她们可以定期或不定期地开设一些讲座,或者长期开设一门或几门创业理论课程,通过具体课程的讲授,与女大学生面对面,零距离,传授创业知识和创业经验,通过多种形式,培养女大学生的创业意识,锻炼创业能力,从而提高创业素质。

四、建立稳定的创业实践基地

2015年,全国90家单位被全国妇联命名为女大学生创业就业实践基地。全国女大学生创业就业实践基地是由全国妇联牵头组织开展的,旨在帮助高校女大学生了解就业环境,转变择业观念,提高就业技能,同时也为企业选人和用人搭建好平台。

创业实践是培养女大学生创业意识和提升创业能力的必要手段和途径,创业知识只有在实践中才能得到较好的运用,能力只有在实践中才能得到较好的发挥和体现,创业能力的获得和提升是在一次次实践中训练的。因此,高职院校要积极利用校内外资源,为女大学生创业实践建立稳定的实践基地,注重女大学生创业能力的开发。在创业实践中,鼓励和引导女大学生大胆实践,联合校外的企业,给女大学生进行创业体验。在创业导师的指导下,让女大学生大胆参与体验创业的全过程,在体验的过程中,激发创业热情,培养女大学生的创业精神和创业意识。同时,鼓励女大学生在校期间广泛参加实践活动,勤工助学,比如鼓励有的学生可以尝试做些小买卖、小生意,在获得金钱的满足感之外,更能使自己的能力得到提升。

目前,国内也相继出现了以大学为依托的创业科技园区,以及大学创办的企业,比如北大方正、清华紫光等,然而针对女大学生的却很少。因此,高校要在实践基地建设上努力,创建一些创业孵化基地、创业园等,举办女生创业大赛,开展"创业牵手行动",在女大学生和创业导师之间架设创业平台,筛选一些有潜力的创业项目,具体在创业行业、创业领域、技术培训、创业融资、财务知识等方面给女大学生以专门的指导,不仅可以锻炼女大学生的创业能力,还为以后的创业积累宝贵的财富。创业导师帮助女大学生将已经比较成熟的创业想法进行孵化,让她们提前获得成功的满足感与成就感,更自信、更积极地去创业。

第四节　健全高职院校女大学生创业服务支持体系

在现有的条件下,女大学生自主创业,需要来自政府的支持、学校的培养、家长的支持和社会的理解及关注,着实提高女大学生的创业能力。

一、健全政策法规,营造良好的政策扶持环境

政府出台一系列扶持大学生创业的优惠政策,鼓励和支持大

学生创业。我国不断地积极探索,制定出各项政策和优惠措施,涉及税收、创业融资、开业、创业培训与指导等诸多方面,各地区根据实际情况也纷纷制定相关的政策,对申请对象、贷款方式以及优惠政策都有扶持。目标为:①适度降低女大学生创业的准入门槛,给予创业的女大学生们以更多的税收、贷款和技术上的支持;②支持国家、金融机构、企业三方共同出资建立女大学生创业基金,拓宽女大学生创业融资渠道,为符合条件的女大学生创业项目提供资金支持;③鼓励企业、协会、基金会等民间组织积极参与到女大学生创业教育和创业扶持中来,共建女大学生创业服务支持体系;④优化女大学生的创业环境,在工商登记、人事和劳动保障、硬件设施等方面给予优先服务;⑤组织专门的创业队伍对女大学生进行创业培训与创业指导,注重提高女大学生的创业能力;⑥创建"女大学生创业就业网"等,着实提高女大学生的创业能力,例如,对女大学生进行职业规划,激发女大学生的创业意识,介绍女大学生小额贷款担保的相关政策知识与法规,对女大学生介绍一些成功的创业典型;⑦优化法律环境,确保女大学生创业成果、产权或其他既得利益得到有效保护。

国家的相关政策和优惠措施能保证大学生更好地进行创业活动,然而总体来看,政策的针对性有待提高,措施还不够完善。相关政策虽然出台了,但是在执行过程中没有得到很好落实,甚至还有些地方部门有违国家的政策初衷,使国家政策纸上谈兵,缺乏对大学生创业的保障。此外,政策制定针对的是全体大学生,没有针对女大学生的创业政策和优惠。女大学生因为特殊的情况和就业劣势,在创业过程中出现的困难也比较多,因此针对女大学生进行创业政策支持是非常必要的。近年来,随着女大学生创业群体的兴起,全社会对女大学生创业也给予关注与支持。比如,围绕提升女性创业创新能力,重庆市针对不同的创业就业女性群体坚持开展政策宣讲、技能培训、双创大赛的活动,市妇联从多层次多角度引导女性创业创新,比如,关注女大学生创业就业群体,开展"成功女性进高校""女大学毕业生就业双选"等系列活动,帮助60.8万名女性实现了创业就业。

目前,我们看到对女大学生进行帮助和扶持的都是一些妇联组织和社会机构,国家的相关政策和优惠措施还没有到位。目前社会上不断涌现出致力于帮助女大学生创业的部门和组织,但是对于目前的创业需求来讲,这些努力远远不够,仅仅是个开始。女大学生创业需要社会相关部门齐心协力、共同保障。

二、拓宽融资渠道,融合多元资金支持体系

大学生创业普遍缺乏启动资金,而且在创业过程中没有合适的融资渠道,导致很多创业企业半路夭折。对创业者来说,要实现心中的梦想,融资是关键的一步。我国的创业起步较晚,对大学生的创业资金支持体系也处于探索阶段。对于成功获得创业支持的企业或者创业者,国家主要有政府资金支持和小额贷款担保,还有一些基金支持。政府创业资金支持的对象要求较多,涉及的大学生较少,只有很少一部分创业者能得到这方面的支持;小额贷款程序复杂,要求也很多,实际申请起来也比较困难;国家创业就业基金,扶持的力度小,数量也有限,很难满足创业大学生的实际需求。目前,我国的大学生创业最大的融资方式就是银行贷款,而银行贷款面向高风险、起步规模不大的领域开放都是相当谨慎的,且限制条件比较多,要按期还本付息。因此,申请银行贷款,如果企业经营不善,就可能导致财务危机,面临破产的风险。大学生吸引风险投资的能力比较弱,很难争取到社会上的投资。因此,我们经常看到有些大学生面临创业有胆、资金无门的情况。对于女大学生创业,全国妇联和一些地方妇联组织部门积

162

极行动,对有计划创业的女大学生给予小额贷款和企业资金支持,并且积极帮助女大学生拓宽融资渠道,加强个人集资意识、减少银行贷款的阻碍,并积极鼓励有吸引风险投资能力的女大学生吸引社会风险投资、积极吸引社会募捐等。在拓宽女大学生创业融资渠道的同时,提高融资效率,使女大学生得到更多的创业资金支持,更好地实现创业理想。

三、家长转变传统观念,鼓励支持女大学生创业

做好女大学生的就业创业工作,关系女大学生的切身利益。女大学生自主创业不仅需要来自政府和社会的帮助,学校的培训和教育,更需要家庭的资金和精神支持。当今女大学生多为独生子女,是生在蜜罐里,长在象牙塔里的"天之骄女",生性单纯,社会经验欠缺。家长是孩子的第一任老师,家长的态度和观点潜移默化地影响孩子。创业非常需要来自多方面的帮助,特别是来自家人的支持。女大学生创业离不开家长的资金和精神支持,这是因为她们在创业中会很在意这种行为是否与女性角色相适宜,是否可以获得家长的普遍认可和广泛赞同。所以,家长要转变传统观念,积极支持女大学生创业,引导她们树立正确的创业意识和创业精神。

163

四、政府积极进行创业培训,提升女大学生的创业能力

政府要积极发挥女大学生创业主导作用,组织专门的创业队伍对女大学生进行创业培训与创业指导。创业指导与培训不仅要在创业意识方面进行培养,还要注重提高女大学生的创业能力,为此,首先要帮助女大学生进行职业规划,激发女大学生的创业意识;其次,要宣讲介绍妇女小额贷款担保的相关政策知识与法规,讲解创业的相关知识;再次,向女大学生介绍一些成功的创业典型。例如,2017 年 6 月,由重庆市妇联和重庆市人力社保局主办的"渝创渝新"女性创业创新大赛,欢迎有创业意愿和创业能力的女大学生报名参赛,邀请重庆市内知名且具有丰富创业辅导经验的女企业家、优秀创业导师、相关专家学者等组建一支专家导师团队,开设创客训练营,为晋级决赛的重点项目做专业指导。这类活动可以不断激发女大学生创新创业活力,提升创新创业能力,实现自身创业梦想。

五、多方沟通协调,发挥信息服务的推动作用

在瞬息万变的信息时代,多方面获得创业信息对女大学生来说非常重要,因此要发挥国家、政府、社会、高校等各方面的力量,各方要加强联系与沟通,多方协调,保持信息畅通和高效。网络、报纸、杂志、电视传媒、书籍等都可作为选择创业项目、获悉创业政策、学习创业知识、了解创业融资方式等的渠道。创建创业信息服务网络是一种非常有效和方便的方式,不断更新各种创业信息,让学生各取所需,尽享信息带来的便利与服务,迅速获取需要了解的内容。

第五节　加强高职院校女大学生创业教育的针对性

尽管当前很多女大学生有创业的热情，但容易因遭受挫败而放弃创业，因此，高职院校根据性别差异对女大学生进行有针对性的创业教育是非常有必要的。女大学生有不同于男大学生的创业心理、创业特征和创业特点，所以，在创业的具体内容方面，要考虑从女大学生的创业特点出发，从创业意识、创业精神、创业个性品质的角度进行创业能力的培养。

一、转变就业观念，强化"四自"精神

创业是时代的需要，同时也是女大学生实现就业、实现自我价值的一种有效方式和途径。传统的就业观念要求女性职业"安稳"，很多女大学生只把目光投向传统的"正式"和"固定"单位，而现实中这些就业渠道已经变窄，女大学生要适应时代和社会发展的形势需求，积极转变就业观念，摒弃传统的就业观念，努力克服性别因素等阻碍，积极做好创业准备和对知识技能的积累，勇于突破传统思维，将目光更多地投向新兴产业和新经济业态，大胆介入以男性为主体的行业，避其锋芒，凸显女性优势。首先，高校要树立全新的创业教育理念，改变传统观念对女性的消极影响，帮助女大学生转变就业观念，树立自主创业新观念。通过实施社会性别意识教育，以各种方式发扬女性优势，对一些创业成功的女性进行宣传，让女大学生从思想上彻底转变认识，从而提

高创业意识。其次,培养女大学生正确的自主创业意识。自主创业意识是女大学生在创业教育过程中形成的一种积极的思想意识形态,它直接影响着创业与否,以及如何创业,创什么业等问题。再次,高校要善于借助新闻媒体和社会舆论的力量,帮助女大学生树立男女平等、两性和谐发展的观念,将女性教育引入大学课程,适时对女大学生进行创业思想引导,帮助女大学生克服消极的思想认识,积极转变观念和看法。女大学生要认清形势,树立与时俱进的就业意识,提高面对困难挫折的冷静思考能力和解决问题的能力,坚持把自信、自强、自立和自尊的"四自"精神贯穿于整个创业过程。

强化创业精神,积极引导女大学生开拓创新,敢于挑战。冒险精神和创新能力是我们对大学生创业素质提出的具体要求,而解放思想是培养冒险精神的前提,创业过程就是一个不断探索与创新的过程。开展创业教育,就是要培养高职院校女大学生敢想、敢做、敢闯的心理品质,在培养高职院校女大学生创业意识的同时,更加注重创业精神的培养。

二、强化企业家精神培养,提高女大学生经营管理能力

企业家精神,即开创能力。一个人的创新、创业能力主要是在后天学习实践中获得的。事业心、责任感、机会识别能力以及敢于冒险、充满激情、智慧创意等,都可以通过培养训练而获得。我们看到,世界上有很多中途辍学,但却创业成功的企业家,他们的学历水平不高,但却能抓住机遇、成功创业。而受教育较多的女大学生,却由于思想意识保守、创业素质欠缺,面临就业难等问题而倍感困惑,这是我国大学创业教育面临的主要问题。培养企业家精神、传播企业家精神、教授企业家精神与创业人才的培养

目标是完全一致的,因此应将企业家精神的培养作为女大学生创业能力培养的主要内容。

三、加强心理健康教育,培养良好的个性心理品质

良好的个性心理品质是女大学生创业成功的前提条件,它包括女大学生的勇气和信心以及面对挫折时的毅力和恒心。个性心理品质是女大学生在实践活动中表现出来的稳定的心理品质和心理倾向,它关系到女大学生全面发展和综合素质的提高。在人才培养过程中,一方面,引导女大学生进行正确的自我认知,要积极认识到女性创业的特点和优势以及创业的阻碍因素,帮助她们克服自卑、依赖、不自信等不利因素,提高其创新能力、动手能力及人际交往能力。尤其是在进行创业教育时,要正视女大学生个性心理品质的塑造,提升女大学生创业自信心、锻炼其思维能力及心理承受力,最主要的是培养女大学生积极上进,谦虚好学的态度。另一方面,引导女大学生正确认识自身的优劣势,培养女大学生的创业能力在市场中的风险意识、责任意识和竞争意识。通过创业教育帮助女大学生认识自己的优势和劣势,创造条件,利用各种活动对女大学生进行创业心理训练,让女大学生明确创业的目的和意义,使女大学生敢于创业,乐于创业。除此之外, 还应当鼓励女大学生主动地走出校门参与社会创业活动,从亲身体验中获得经验和教训。在女大学生普遍就业难的情况下通过展开女大学生的自主创业教育,能够为她们以后进行创业活动打下坚实的基础。

四、树立从小处做起的创业信念

从中外女性创办的企业规模上看,都以小规模企业为主。因

为小型企业在市场上具有较高的灵活性,从而比大型企业更能适应现代市场的需求波动大和需求程度低的特征,这些小规模企业也正是女性创业成功率较高的一个重要因素。因此,在引导女大学生树立创业目标时,不应该求高、求大,不应该总是用"大人物、大企业家"和"动辄上千万的老板"这样的创业案例暗示她们,而应该更实际地让她们看到"小人物"创办小企业的成功案例,从而树立从小处做起的创业信念。

综上所述,高职院校大学生创业能力的培养是一项非常复杂的活动,具体的研究成果在实践中如何实施,在高职院校中如何运作,如何处理创业教育与素质教育的关系等问题仍是值得我们深入探讨的话题。

本书只是一个浅显的研究,有些问题还有待进一步探讨,还有更多的领域没有涉及。但是,随着政府对高校学生自主创业的逐渐关注,以及国内专家、学者对创业教育的关注程度不断加大,在大学生创业能力培养方面的研究一定会取得更深入的进步。

第七章
创业心理学效应

心理学效应是人或事物的行为或作用，能引起其他人或事物产生相应变化的因果反应或连锁反应。通过解读心理学效应对自身产生的影响，剖析自己平时不易察觉的非理性行为，能更好地了解自己，读懂他人，透视社会。掌握心理学效应，能让创业者采取更合理的方式对待他人，处理事务，更好地开创自己的事业。

破窗效应

破窗效应（Broken Windows Theory）是犯罪学的一个理论，该理论由詹姆士·威尔逊（James Q. Wilson）及乔治·凯林（George L. Kelling）提出，并刊于 *The Atlantic Monthly* 1982 年 3 月版的一篇题为 *Broken Windows* 的文章中。

此理论认为环境中的不良现象如果被放任存在，会诱使人们仿效，甚至变本加厉。以一幢有少许破窗的建筑为例，如果那些窗不被修理好，可能会有破坏者破坏更多的窗户。最终他们甚至会闯入建筑内，如果发现无人居住，也许就会在那里定居或者纵火；一面墙，如果出现一些涂鸦没有被清洗掉，很快墙上就会布满乱七八糟、不堪入目的东西；一条人行道有些许纸屑，不久后就会有更多垃圾,最终人们会视若理所当然地将垃圾顺手丢弃在地上。这个现象,就是犯罪心理学中的"破窗效应"。

美国斯坦福大学心理学家菲利普·津巴多(Philip Zimbardo)于1969年进行了一项实验,他找来两辆一模一样的汽车,把其中的一辆停在加州帕洛阿尔托的中产阶级社区,而另一辆停在相对杂乱的纽约布朗克斯区。停在布朗克斯区的那辆,他把车牌摘掉,把顶棚打开,结果当天就被偷走了。而放在帕洛阿尔托的那一辆,一个星期也无人理睬。后来,辛巴杜用锤子把那辆车的玻璃敲了个大洞。结果呢,仅仅过了几个小时,它就不见了。

以这项实验为基础,政治学家威尔逊和犯罪学家凯琳提出了一个"破窗效应"理论,该理论认为:如果有人打坏了一幢建筑物的窗户玻璃,而这扇窗户又得不到及时的维修,别人就可能受到某些示范性的纵容去打烂更多的窗户。久而久之,这些破窗户就给人造成一种无序的感觉,结果是在这种公众麻木不仁的氛围中,犯罪就会滋生、猖獗。

此理论认为"第一扇破窗"常常是事情恶化的起点。这一现象在我们日常生活中常常可以见到。例如,你分别到两位朋友家做客。朋友甲的家里窗明几净,地板上一尘不染。如果他忘了给你准备烟灰缸,你一定会在点烟之前请他帮你找一个烟灰缸,而决不忍心让烟灰落在光亮的地板上。而朋友乙的家里是随处可见的尘土和纸屑,估计你也懒得要朋友给你找烟灰缸了,而是任由烟灰飞散,或是直接把烟蒂扔到地上。

事情的恶化当然还离不开后面那一双双推波助澜的手。面对"第一扇破窗",我们常常自我暗示:窗是可以被打破的,没有惩罚。这样想着,不知不觉,我们就成了第二双手、第三双手……去市场买瓜子,抓了几颗尝尝。瓜子壳呢?你放哪儿了?是不是看到地上已有一堆瓜子壳了,就将自己磕的壳也扔在地上呢?大热天走在街上,买根雪糕,半天没有找到垃圾桶,你会将包装纸放在哪儿?是不是找个有垃圾的角落,悄悄地扔掉呢?路上的噪声、墙上的笔迹、地上的痰迹就这样越来越多,我们离优雅、文明、公德就这样越来越远。

"环境早就脏了,我扔的这点儿垃圾根本起不到关键性作用""反正也不是我先这么做的",不少人会这样辩解。其实,这些说法根本站不住脚,错了就是错了,影响的大小并不能改变行为错误的本质,别人的错误更不会是证明你无错的理由。勿以恶小而为之,规范自我,不要让"破窗效应"一再发生。其实,人和环境之间是互动的,环境的好坏是人的行为的体现。我们许多人抱怨环境恶劣,却很少反思自己的言谈举止。不少人盯着社会的阴暗面,结果自己的心灵也变得狭隘和阴暗,不自觉地成为社会上的一扇"破窗"。

我们不仅不能做第 N 次打破窗户的人,我们还要努力做修复"第一扇窗户"的人。即使是当我们无法选择环境,甚至无力去改变环境时,我们还可以努力,那就是使自己不要成为一扇"破窗"。

破窗效应带给我们的思路就是从小事抓起,只有全部小事都不出乱子,才能做大事。在应用实践中,最直观的"小事"就是环境卫生,要把一个地方搞干净 1 天、2 天并不难,但是要一个地方持续一年 365 天都很干净,那就只有优秀的企业才能做到。这些事情并不难,缺的只是下定决心、持之以恒、配套机制、形成文化、定期更新。

破窗效应给我们这样的启示:任何一种不良现象的存在,都在传递着一种信息,这种信息会导致不良现象的无限扩展,同时必须高度警觉那些看起来是偶然的、个别的、轻微的"过错",如果对这种行为不闻不问、熟视无睹、反应迟钝或纠正不力,就会纵容更多的人"去打烂更多的窗户玻璃",就极有可能演变成"千里之堤,溃于蚁穴"的恶果。

晕轮效应

俄国著名的大文豪普希金曾因晕轮效应的作用吃了大苦头。他狂热地爱上了被称为"莫斯科第一美人"的娜坦丽,并且和她结了婚。娜坦丽容貌美丽,但与普希金志不同道不合。当普希金每次把写好的诗读给她听时,她总是捂着耳朵说:"不要听!不要听!"相反,她总是要普希金陪她游乐,出席一些豪华的晚宴、舞会,普希金为此丢下创作,弄得债台高筑,最后还为她决斗而死,使一颗文学巨星过早地陨落。在普希金看来,一个漂亮的女人也必然有非凡的智慧和高贵的品格,然而事实并非如此,这种现象被称为晕轮效应。

晕轮效应(Halo Effect)又称"光环效应""成见效应""光圈效应""日晕效应""以点概面效应",它是一种影响人际知觉的因素。由美国心理学家 H.凯利(H. Kelly)提出,指在人际知觉中所形成的以点概面或以偏概全的主观印象。

所谓晕轮效应,就是在人际交往中,人身上表现出的某一方面的特征,掩盖了其他特征,从而造成人际认知的障碍。在日常生活中,晕轮效应往往在悄悄地影响着我们对别人的认知和评价。比如有的老年人对部分青年人的衣着打扮、生活习惯看不顺眼,就认为他们一定没出息;有的青年人由于倾慕朋友的某一可爱之处,就会把他看得处处可爱,真所谓"一俊遮百丑"。

名人效应是一种典型的晕轮效应。不难发现,拍广告片的多数是那些有名的歌星、影星,而很少见到那些名不见经传的小人物。因为明星推出的商品更容易得到大家的认同。一个作家一旦出名,以前压在箱底的稿件全然不愁发表,所有著作都不愁销售,这都是晕轮效应的作用。

男女朋友之间也经常会出现晕轮效应。两个恩爱的人在一起，便会觉得双方身上都是优点，没有一点点缺点。这就是在刚开始喜欢上一个人的时候，其实只是喜欢上了对方表现出来的某一方面的优点，然后经过晕轮效应的扩大，才使自己觉得对方身上全是优点。

企业怎样才能让自己的产品为大众了解并接受？一条捷径就是让企业的形象或产品与名人相粘连，让名人为公司做宣传。这样，就能借助名人的"名气"帮助企业聚集更旺的人气。要做到人们一想起公司的产品就想到与之相连的名人。

晕轮效应是一种以偏概全的主观心理臆测，其错误在于：第一，它容易抓住事物的个别特征，习惯以个别推及一般，就像盲人摸象一样，以点代面；第二，它把并无内在联系的一些个性或外貌特征联系在一起，断言有这种特征必然会有另一种特征；第三，它说好就全都肯定，说坏就全部否定，这是一种受主观偏见支配的绝对化倾向。总之，晕轮效应是人际交往中对人的心理影响很大的认知障碍，我们在交往中要尽量地避免和克服晕轮效应的副作用。

晕轮效应给我们这样的启示：与人初次见面，千万要注意自己的形象，最好留个好印象。识人、断人，千万不要停留于感性认识的阶段。

首因效应

首因效应由美国心理学家洛钦斯首先提出，也称"首次效应""优先效应""第一印象效应"，指个体在社会认知过程中，通过"第一印象"最先输入的信息对客体以后的认知产生的影响作用，也即是"先入为主"带来的效果。虽然这些第一印象并非总是正确的，但却是最鲜明、最牢固的，并且决定着以后双方交往的进

173

程。如果一个人在初次见面时给人留下了良好的印象,那么人们就愿意和他接近,彼此也能较快地取得相互了解,并会影响人们对他以后一系列行为和表现的解释。反之,对一个初次见面就引起对方反感的人,即使由于各种原因难以避免与之接触,人们也会对之很冷淡,在极端的情况下,甚至会在心理上和实际行为中与其产生对抗。

第一印象是在短时间内以片面的资料为依据形成的印象,心理学研究发现,与一个人初次会面,45秒钟内就能产生第一印象。它主要是获得了对方的性别、年龄、长相、表情、姿态、身材、衣着打扮等方面的印象,判断对方的内在素养和个性特征。这一最先的印象对他人的社会知觉产生较强的影响,并且在对方的头脑中形成并占据着主导地位。并且这种先入为主的第一印象是人的普遍的主观性倾向,会直接影响以后的一系列行为。在现实生活中,首因效应所形成的第一印象常常影响着人们对他人以后的评价和看法。

此效应优点:"新官上任三把火""早来晚走""恶人先告状""先发制人""下马威"等都是不乏利用首因效应占得先机的经典案例。而人们常说的"给人留下一个好印象",一般就是指的第一印象,这里就存在着首因效应的作用。人们在交友、招聘、求职等社交活动中自觉地利用这一社会心理效应,展示给人一种极好的第一形象,能为现实生活和实际工作服务,帮助人们顺利地进入人际交往,为以后的交流打下良好的基础。以求职为例,大部分大学生的就业方式是借助人才市场,与用人单位"供需见面""双向选择"完成的。实践证明,在"双向选择"的过程中,毕业生给用人单位的"第一印象"对其就业和择业至关重要。在择业过程中,大学生根据首因效应原理,做好各项面试准备,力争把自己的知识、才华和良好的态度综合表现出来,赢得良好的第一印象。

此效应的缺点:首因效应具有先入性、不稳定性、误导性,根据第一印象来评价一个人往往失之偏颇,会被某些表面现象蒙蔽。其主要表现在两个方面:一是以貌取人。对仪表堂堂、风度翩翩的人容易得出良好的印象,而其缺点却很容易被忽视。二是"以言取人"。那些口若悬河者往往给人留下好印象。首因效应之所以会引起认知偏差,就在于认知是根据不完全信息而对交往对象作出判断的。俗话说:"路遥知马力,日久见人心。"仅凭第一印象就妄加判断,"以貌取人",往往会带来不可弥补的错误。例如,一位心理学家曾做过一个实验:把被试者分为两组,同看一张照片。对甲组说,这是一位屡教不改的罪犯。对乙组说:这是一位著名的科学家。看完后让被试者根据这个人的外貌来分析其性格特征。结果甲组说:深陷的眼睛藏着险恶,高耸的额头表明了他死不改悔的决心。乙组说:深沉的目光表明他思维深邃,高耸的额头说明了科学家探索的意志。这个实验表明第一印象形成的肯定心理定势,会使人在后续了解中多偏向发掘对方具有美好意义的品质。若第一印象形成的是否定的心理定势,则会使人在后续了解中多偏向于揭露对象令人厌恶的部分。

第一印象并不是无法改变和难以改变的。孔子言:"吾始于人也,听其言而信其行;吾今于人也,听其言而观其行。"也就是这种变化最经典的说明。

首因效应给我们这样的启示:在日常交往过程中,尤其是初次交往时,要注意给人留下美好的印象。第一,要注重仪表风度,一般情况下人们都愿意同衣着干净整齐、落落大方的人接触和交往。第二,要注意言谈举止,言辞幽默,侃侃而谈,不卑不亢,举止优雅,会给人留下好的印象。

霍桑效应

20世纪二三十年代,美国研究人员在芝加哥西方电力公司霍桑工厂进行的工作条件、社会因素和生产效益关系实验中发现了实验者效应,称为"霍桑效应",即由于受到额外的关注而引起绩效或努力上升的情况。

实验的第一阶段是从 1924 年 11 月开始的,将工作条件和生产效益设为实验组和控制组。结果不管增加或控制照明度,实验组产量都上升,而且照明度不变的控制组产量也增加。另外,又试验了工资报酬、工间休息时间、每日工作长度和每周工作天数等因素,也看不出这些工作条件对生产效益有何直接影响。

第二阶段的试验是由美国哈佛大学教授梅奥领导的,着重研究社会因素与生产效率的关系,结果发现生产效率的提高主要是由于被实验者在精神方面发生了巨大的变化。参加试验的工人被置于专门的实验室并由研究人员领导,其社会状况发生了变化,受到各方面的关注,从而形成了参与试验的感觉,觉得自己是公司中重要的一部分,从而使工人从社会角度方面被激励,促进产量提高。

霍桑效应在学校教育中极为普遍。有一所国外的学校,在入学时会对每位学生进行智力测验,以智力测验的结果将学生分为优秀班和普通班。结果在一次例行检查时发现,一年之前入学的一批学生的测验结果由于某种失误被颠倒了,也就是说现在的优秀班其实是普通的孩子,而真正聪明的孩子却在普通班。但是这一年的课程成绩却如同往年一样,优秀班明显高于普通班,并未出现异常。原本普通的孩子被当作优等生关注,他们自己也就认为自己是优秀的,额外的关注加上心理暗示使得丑小鸭真的成了白天鹅。基于霍桑效应的心理暗示还可以治疗抑郁、自卑、紧张等各种心理疾病,霍桑效应在企业管理应用和领导行为上也卓有成效。

霍桑效应给我们这样的启示:从旁人的角度,善意的谎言和夸奖真的可以造就一个人;从自我的角度,你认为自己是什么样的人,你就能成为什么样的人。

鲶鱼效应

鲶鱼效应(Catfish Effect)即采取一种手段或措施,刺激一些企业活跃起来投入市场中积极参与竞争,从而激活市场中的同行业企业。其实质是一种负激励,是激活员工队伍之奥秘。

鲶鱼,一种生性好动的鱼类,并没有什么十分特别的地方。然而自从有渔夫将它用作保证长途运输沙丁鱼成活的工具后,鲶鱼的作用便日益受到重视。沙丁鱼,生性喜欢安静,追求平稳。对面临的危险没有清醒的认识,只是一味地安于现状。渔夫,聪明地运用鲶鱼好动的作用来保证沙丁鱼活着的人,在这个过程中,他也获得了最大的利益。鲶鱼效应对于渔夫来说,在于激励手段的应用。渔夫采用鲶鱼来作为激励手段,促使沙丁鱼不断游动,以保证沙丁鱼活着,以此来获得最大利益。鲶鱼效应对于鲶鱼来说,在于自我实现。鲶鱼型人才是企业管理必需的。鲶鱼型人才是出于获得生存空间的需要出现的,而并非一开始就有如此的良好动机。对于鲶鱼型人才来说,自我实现始终是最根本的。鲶鱼效应对于沙丁鱼来说,在于缺乏忧患意识。沙丁鱼型员工的忧患意识太低,一味地想追求稳定,但现实的生存状况是不允许沙丁鱼有片刻的安宁。沙丁鱼如果不想窒息而亡,就应该也必须活跃起来,积极寻找新的出路。以上四个方面都是探讨鲶鱼效应时必须考虑的问题。

鲶鱼效应给我们这样的启示:在企业管理中,管理者要实现管理的目标,同样需要引入鲶鱼型人才,以此来改变企业相对一潭死水的状况。

皮格马利翁效应

皮格马利翁效应（Pygmalion Effect），也称"毕马龙效应""毕马龙效应""罗森塔尔效应（Robert Rosenthal Effect）"或"期待效应"，由美国著名心理学家罗森塔尔和雅格布森在小学教学上予以验证提出。

美国心理学家罗森塔尔等人于 1968 年做过一个著名实验，他们到一所小学，在 1～6 年级各选 3 个班的儿童进行煞有介事的"预测未来发展的测验"，然后实验者将认为有"优异发展可能"的学生名单通知教师。其实，这个名单并不是根据测验结果确定的，而是随机抽取的。它是以"权威性的谎言"暗示教师，从而调动了教师对名单上的学生的某种期待心理。8 个月后，再次智能测验的结果发现，名单上的学生的成绩普遍提高，教师也给了他们良好的品行评语。

这个实验取得了奇迹般的效果，人们把这种通过教师对学生心理的潜移默化的影响，从而使学生取得教师所期望的进步的现象称为"罗森塔尔效应"，习惯上也称为"皮格马利翁效应"（皮格马利翁是古希腊神话中塞浦路斯国王，他对一尊少女塑像产生爱慕之情，他的热爱最终使这尊雕像变为一个真人，两人相爱并结合）。暗示在本质上，人的情感和观念，会不同程度地受到别人下意识的影响。人们会不自觉地接受自己喜欢、钦佩、信任和崇拜的人的影响和暗示。而这种暗示，正是让你梦想成真的基石之一。

教育实践也表明：如果教师喜爱某些学生，对他们会抱有较高期望，经过一段时间，学生感受到教师的关怀、爱护和鼓励，常常以积极态度对待老师、对待学习等，学生更加自尊、自信、自爱、自强，诱发出一种积极向上的激情，这些学生常常会取得老师所期望的进步。相反,那些受到老师忽视、歧视的学生,久而久之会从教师的言谈、举止、表情中感受到教师的"偏心",也会以消极的态度对待老师、对待自己的学习,不理会或拒绝听从老师的要求。尽管有些例外,但大趋势却是如此,同时这也给教师敲响了警钟。

皮格马利翁效应给我们这样的启示:赞美、信任和期待具有一种能量,它能改变人的行为,当一个人获得另一个人的信任、赞美时,他便感觉获得了社会支持,从而增强了自我价值,变得自信、自尊,获得一种积极向上的动力,并尽力达到对方的期待,以避免对方失望,从而维持这种社会支持的连续性。

马太效应

马太效应(Matthew Effect)指强者越强、弱者越弱的现象,广泛应用于社会心理学、教育、金融以及科学领域。马太效应,是社会学家和经济学家们常用的术语,反映的社会现象是两极分化,富的更富,穷的更穷。

马太效应,名字来自圣经《新约·马太福音》一则寓言:"凡有的,还要加倍给他叫他多余;没有的,连他所有的也要夺过来。"表面看起来"马太效应"与"平衡之道"相悖,与"二八定则"类似,但是实则它只不过是"平衡之道"的一极。早在公元前 500 多年以前,中国古代哲学家老子就已经提出类似的思想:"天之道损有余而补不足。人之道则不然,损不足,奉有余。""马太效应"正是老子思想中的"人之道"思想,而"天之道"可用国家整体意志来比喻,国家意志表现为削弱范围内强的个体,补足其他弱势个体,两者正好是既对立又统一的,其思想先进性远超《马太福音》中的这句话,甚至其出现比耶稣基督诞生还要早 500 多年。

从积极的方面来说,一个人只要努力,让自己变强,就会在变强的过程中受到鼓舞,从而越来越强。从消极的方面来说,社会上大多数人并不具有足以变强的毅力,马太效应就会成为逃避现实拒绝努力的借口。态度积极主动执着那么你就获得了精神或物质的财富,获得财富后你的态度更加强化了你的积极主动,如此循环,你才能把马太效应的正效果发挥到极致。

对企业经营发展而言,马太效应告诉我们:要想在某一个领域保持优势,就必须在此领域迅速做大。当你成为某个领域的领头羊时,即便投资回报率相同,你也能更轻易地获得比弱小的同行更大的收益。而若没有实力迅速在某个领域做大,就要不停地寻找新的发展领域,才能保证获得较好的回报。

马太效应理论的缺陷主要在于缺乏辩证思维:其一,只看到事物发展的短期趋势,只反映了数量方面的变化,忽视了性质的变化,不能用于分析事物发展的长期趋势;事实上,在客观世界,任何事物都遵循"发生—发展—成熟—衰老—灭亡"的规律,没有什么是永远不变的。其二,不具备普遍意义,只是对短期趋势理论的一种假说,难以证明普遍的真理性。比如,难以解释在很多领域存在的"后发优势"现象。

马太效应给我们这样的启示:想在某一个领域保持优势,就必须在此领域迅速做大。再者,在目标领域有强大对手的情况下,就需要另辟蹊径,找准对手的弱项和自己的优势。

懒蚂蚁效应

懒蚂蚁效应是日本北海道大学进化生物研究小组对 3 个分别由 30 只蚂蚁组成的黑蚁群的活动观察。结果发现。大部分蚂蚁都很勤快地寻找、搬运食物,而少数蚂蚁却整日无所事事、东张西望,人们把这些少数蚂蚁称为"懒蚂蚁"。有趣的是,当生物学家在这些"懒蚂蚁"身上做上标记,并且断绝蚁群的食物来源时,那些平时工作很勤快的蚂蚁表现得一筹莫展,而"懒蚂蚁"们则

"挺身而出"，带领众蚂蚁向它们早已侦察到的新的食物源转移，挽救整个蚁群。原来"懒蚂蚁"们把大部分时间都花在了"侦察"和"研究"上了。它们能观察到组织的薄弱之处，同时保持对新食物的探索状态，从而保证群体不断得到新的食物来源。在蚁群和企业中，"懒蚂蚁"很重要，此现象被称为"懒蚂蚁效应"。

著名经济学家、北京大学教授郑学益在阐述市场营销理念时，以"懒蚂蚁效应"做类比时说："相对而言，蚁群中的'懒蚂蚁'更重要，在企业中注意观察市场、研发市场、把握市场的人更重要。"

"一个组织中分工要合理，人适其事，事得其人"，这是"懒蚂蚁效应"在公司人事招聘中的应用。这说明要根据岗位需要来合理选人，择优用人，尤其是对基层主管的年龄、文化、能力、性格等因素结构进行优化配置，以充分发挥其最大的效能和作用。因此，招聘要坚持最佳匹配原则，实现企业的"人岗匹配"，进而提升企业的业绩和整体实力。

懒蚂蚁效应给我们这样的启示：一个组织中分工要合理，如同战场上，既需要有人驰骋沙场，也需要有人运筹帷幄，千万不能因为追逐短期利润而忽视那些"懒蚂蚁"的作用。

羊群效应

"羊群效应"也称"从众心理"，是指管理学上一些企业的市场行为的一种常见现象。

经济学里经常用"羊群效应"来描述经济个体的从众跟风心理。羊群是一种很散乱的组织，平时在一起也是盲目地左冲右撞，但一旦有一只头羊动起来，其他的羊也会不假思索地一哄而上，全然不顾前面可能有狼或者不远处有更好的草。因此，"羊群效应"就是比喻人都有一种从众心理，从众心理很容易导致盲从，而盲从往往会陷入骗局或遭到失败。

羊群效应一般出现在一个竞争非常激烈的行业上,而且这个行业上有一个领先者(领头羊)吸引了大家的主要注意力,那么整个羊群就会不断模仿这个领头羊的一举一动,领头羊到哪里去吃草,其他的羊也去哪里"淘金"。

对于个人来说,跟在别人后面亦步亦趋难免被吃掉或被淘汰。最重要的就是要有自己的创意,不走寻常路才是你脱颖而出的捷径。不管是加入一个组织或者是自主创业,保持创新意识和独立思考的能力,都是至关重要的。

理性地利用和引导羊群行为,可以创建区域品牌,并形成规模效应,从而获得利大于弊的较佳效果。找好领头羊是利用羊群效应的关键。

"羊群效应"告诉我们,很多时候,并不像谚语说的那样——"群众的眼睛是雪亮的"。在市场中的普通大众,往往容易丧失基本判断力。人们喜欢凑热闹、人云亦云。群众的目光还投向资讯媒体,希望从中得到判断的依据。但是,媒体人也是普通群众,不是你的眼睛,你不会辨别垃圾信息就会失去方向。所以,收集信息并敏锐地加以判断,是让人们减少盲从行为,更多地运用自己理性的最好方法。

羊群效应给我们这样的启示:对他人的信息不可全信也不可不信,凡事要有自己的判断,出奇能制胜,但跟随者也有后发优势,常法无定法。

登门槛效应

登门槛效应(Foot in the Door Effect)又称得寸进尺效应,是指一旦接受了他人的一个微不足道的要求,为了避免认知上的不协调,或想给他人以前后一致的印象,就有可能接受更大的要求。

这种现象,犹如登门槛时要一级台阶一级台阶地登,这样能更容易、更顺利地登上高处。

1966 年,美国心理学家曾做过一个实验:派人随机访问一组家庭主妇,要求她们将一个小招牌挂在她们家的窗户上,这些家庭主妇愉快地同意了。过了一段时间,再次访问这组家庭主妇,要求将一个不仅大而且不太美观的招牌放在庭院里,结果有超过半数的家庭主妇同意了。与此同时,信息学家派人又随机访问了另一组家庭主妇,直接提出将不仅大而且不太美观的招牌放在庭院里,结果只有不足 20% 的家庭主妇同意。

心理学家认为,在一般情况下,人们都不愿接受较高较难的要求,因为它费时费力又难以成功。相反,人们却乐于接受较小的、较易完成的要求,在实现了较小要求后,人们才慢慢地接受较大的要求,这就是"登门槛效应"对人的影响。

登门槛效应给我们这样的启示:管理者在打算给员工分配较难的事情而又担心他不愿意做时,可以先向他提出做一件与所要求的任务类似的较小的事情,等他接受了这件事情,并顺利完成之后,再将较大的任务交给他,这样员工更容易接受,对新任务也会更有自信;对于新员工来说,管理者不宜一下子对他们提出过高的要求,这样容易让新员工对任务产生畏惧心理,为了尽快让他们适应,管理者可以先提出一个只要比过去稍有进步的小要求,当他们达到这个要求后,再通过鼓励逐步提出更高的要求,这样员工接受的任务难度会越来越高,员工的能力和执行意愿也会随之不断提高,管理者的预期目标也才更容易实现。

蘑菇效应

蘑菇长在阴暗的角落,得不到阳光,也没有肥料,自生自灭,只有长到足够高时才会开始被人关注,此时它自己已经能够接受阳光了。人们将这种现象称为"蘑菇效应"。蘑菇效应很形象地诠释了多数人的工作经历:一个刚参加工作的人总是先做一些不起眼的事情,而且没有能够受到重视。当他默默无闻地工作一段时间后,如果工作出色就逐渐被人关注并得到重用;如果工作不出色就逐渐被边缘化,甚至被人遗忘。从某种观念上讲,这种"蘑菇经历"不一定是什么坏事,因为它是人才蜕壳羽化前的一种磨练,它可以消除一些不切实际的幻想,从而使人更加接近现实,能够更加理性地思考和处理问题,对人的意志和耐力的培养具有促进作用。

可是,人们如果用发展的眼光来看,"蘑菇效应"也有着先天不足:对一些真正有才华、有抱负的年轻人来说,"蘑菇经历"有可能耗费一生中最美好的时光,甚至有可能因不受重视(长在阴暗的角落),得不到必要的指导和提携(得不到阳光,也没有肥料),而最终被埋没(自生自灭)。

蘑菇效应给我们这样的启示:找准位置,少走弯路。刚入职场很可能经历磨难和轻视,但这并不是说我们就可以随便进入一个公司,随便走入某个岗位,因为如果你所从事的工作不符合自己的兴趣、不符合自己的价值观念、不符合自己的志向,即使你历经磨难,也难有出头之日。对于那些刚走入职场的毕业生来说,给自己一个准确的定位,知道自己适合做什么,能做什么,是尽快走出蘑菇效应的重要一步。

鲨鱼效应

海洋中的鱼类,因为有鳔才能使自己在大海中自由沉浮,当鳔内充满空气时,鱼儿就上浮,释放空气时,鱼儿就下沉。鲨鱼是海洋中的哺乳动物。鲨鱼没有鳔,但是它仍然能在海水中自由沉浮,它是为什么? 因为鲨鱼为了不使自己下沉就不停地游动,长此以往,鲨鱼的身体肌肉就越来越强壮,体格也越来越大,终于成为"海洋霸王"。这就是所谓的"鲨鱼效应"。可以看到,先天的不足不一定全是坏事,只要自己努力,总会化劣势为优势。

"鲨鱼效应"对企业管理的启示是:有的企业因为某些原因导致现有的条件远不如其他企业,但这种先天不足不见得就是坏事。企业只要能够像鲨鱼那样正视自己的先天不足,不断创造条件不停息地努力拼搏,就能够将劣势转化为优势,并最终成为高质量、有特色的企业。

责任分散效应

责任分散效应(Diffusion of Responsibility)也称为旁观者效应,是指对某一件事来说,如果是单个个体被要求单独完成任务,责任感就会很强,会作出积极的反应。但如果是要求一个群体共同完成任务,群体中的每个个体的责任感就会很弱,面对困难或遇到责任往往会退缩。

俗语"一个和尚挑水喝,两个和尚抬水喝,三个和尚没水喝"。这句话就是责任分散效应的表现。如果只有一个人在场的话,他对别人的帮助就责无旁贷,稍微具有社会公德的人,都会主动提供帮助。但如果有两个人或更多的人在场的话,这种责任就会自动地分散到每个人头上,变得不确定了,因此提供帮助似乎对于每一个人来说都成了别人的事。

心理学家研究发现,当出现"责任分散效应"时,行为主体受到6种心理因素的影响:利他主义动机、社会惰化、从众心理、道德因素、法不责众心理和人际关系相互作用。例如,1964年3月13日夜3时20分,在美国纽约郊外某公寓前,一位名叫朱诺比白的年轻女子在结束酒吧间工作回家的路上遇刺。当她绝望地喊叫:"有人要杀人啦! 救命! 救命!"听到喊叫声,附近的住户亮起了灯,打开了窗户,凶手吓跑了。当一切恢复平静后,凶手又返回作案。当她又叫喊时,附近的住户又打开了电灯,凶手又逃跑了。当她认为已经无事,回到自己家上楼时,凶手又一次出现在她面前,将她杀死在楼梯上。在这个过程中,尽管她大声呼救,她的邻居中至少有 38 位到窗前观看,但无一人来救她,甚至无一人打电话报警。这件事引起了纽约社会的轰动,也引起了社会心理学工作者的重视和思考。人们把这种众多旁观者见死不救的现象称为责任分散效应。

责任分散效应可以解释我们生活中的很多现象,下面的例子就是对这种效应最好的解释。一个办公室里原本有 3 个人,每次办公室的卫生都由小张负责。后来,办公室又新来了一位同事,小张就和那位新同事商定轮流打扫卫生。两个人也配合得相当好,办公室还是被打扫得干干净净的。再后来,又来了一名大学生,他来的第二天早上,当同事都来上班时却发现地上一片狼藉。大家面面相觑。原来,小张和原来的同事都认为卫生应该由最后来的同事负责,而那位大学生却认为卫生已经有人负责了,自己只需要做自己本职的工作就行了。由此可见,当大家都认为别人会承担某种责任时,恰恰没人承担责任。

当一个人单独进行选择时,他必须担当起所有的责任。但当大家组成一个团队,集体讨论问题的解决方法时,责任就被扩大化了。大家都有这样的思想:如果出了问题,责任是大家的,不是我一个人的。如果一个团队中每一位成员都在这种思想的指导下,那么由集体做出的决定往往更为冒险,这是值得我们提高注意的。

责任分散效应给我们这样的启示:领导者在将一项任务交给某个团队去完成时,一定要指定负责人,这儿出了问题找谁,那儿出了问题找谁,最后直接跟负责人交涉就行了。团队完不成任务时,想让你的批评变得有力,就要让你的批评变得具有针对性,责任一定要分到具体的某个人,否则就会出现这种责任分散的现象,你布置下去的任务多半不会被很好地执行。

霍布森选择效应

1631年,英国剑桥商人霍布森从事马匹生意,他说,你们买我的马、租我的马,随你的便,价格都便宜。霍布森的马圈大大的、马匹多多的,然而马圈只有一个小门,高头大马出不去,能出来的都是瘦马、赖马、小马,来买马的人左挑右选,不是瘦的,就是赖的。霍布森只允许人们在马圈的出口处选。大家挑来挑去,自以为完成了满意的选择,最后的结果可想而知——只是一个低级的决策结果,其实质是小选择、假选择、形式主义的选择。人们自以为做了选择,而实际上思维和选择的空间是很小的。有了这种思维的自我僵化,当然不会有创新,所以它是一个陷阱。后来,管理学家西蒙,把这种没有选择余地的"选择"讥讽为"霍布森选择"。

对于个人来说,如果陷入"霍布森选择效应"的困境,就不可能发挥自己的创造性。道理很简单,任何好与坏、优与劣,都是在对比选择中产生的,只有拟定出一定数量和质量的方案对比选择、判断才有可能做到合理。如只有在许多可供对比选择的方案中进行研究,并能够在对其了解的基础上进行判断,才算得上判断。因此,没有选择余地的"选择",就等于无法判断,就等于扼杀创造。

霍布森选择效应对我们的启示:没有选择的余地就等于扼杀前途。一个人选择了什么样的环境,就选择了什么样的生活,想要改变就必须有更大的选择空间。如果管理者用这个别无选择的标准来约束和衡量别人,必将扼杀多样化的思维,从而也扼杀了别人的创造力。

权威效应

"权威效应"又称为"权威暗示效应"。"权威效应"的普遍存在,首先是由于人们有"安全心理",即人们总认为权威人物往往是正确的楷模,服从他们会使自己具备安全感,增加不会出错的"保险系数";其次是由于人们有"赞许心理",即人们总认为权威人物的要求往往和社会规范相一致,只要按照权威人物的要求去做,就会得到各方面的赞许和奖励。

权威暗示效应的寓意:迷信则轻信,盲目必盲从权威暗示。权威效应在实际生活中的运用:在现实生活中,利用"权威效应"的例子很多:做广告时请权威人物赞誉某种产品,在辩论说理时引用权威人物的话作为论据等。在人际交往中,利用"权威效应"还能够达到引导或改变对方的态度和行为的目的。

美国心理学家们曾经做过一个实验,在给某大学心理学系的学生们讲课时,他向学生介绍了一位从外校请来的德语教师,说这位德语教师是从德国来的著名化学学家。实验中这位"化学家"煞有介事地拿出了一个装有蒸馏水的瓶子,说这是他新发现的一种化学物质,有些气味,请在座的学生闻到气味时就举手,结果多数学生都举起了手。对于本来没有气味的蒸馏水,为什么多数学生都认为有气味而举手呢?这是因为有一种普遍存在的社会心理学现象,即权威效应。所谓权威效应即人微言轻,人贵言重。就是指,如果发表言论的人社会地位高,事业成功,有威信,受人敬重,那么他所说的话容易引起他人的重视,并相信其正确性。

南朝的刘勰写出的《文心雕龙》无人重视,他请当时的大文学家沈约审阅,沈约不予理睬。后来他装扮成卖书人,将作品送给沈约。沈约阅后评价极高,于是成为中国文学评论的经典名著了。

权威效应给我们这样的启示:在企业中,领导利用"权威效应"去引导和改变下属的工作态度以及行为,这往往比命令的效果更好。因此,一位优秀的领导肯定是企业的权威,或者为企业正确地树立一个权威,然后利用权威暗示效应进行领导。

名片效应

有一位求职青年,应聘几家单位都被拒之门外。于是在去另一家公司应聘前,他提前打听了该公司负责人的历史,并意外得知该负责人和自己有相似的经历。于是他在应聘时也谈及自己求职经历的坎坷和怀才不遇的愤慨。而这一席话果然博得了公司负责人的同情和赏识,最终应聘成功。

这就是所谓的"名片效应"。两个人在交往时,如果首先表明自己与对方的态度和价值观相同,就会使对方感觉到你与他有更多的相似性,从而很快地缩小与你的心理距离,更快拉近彼此距离。善于捕捉对方的信息和态度,寻找对方与自己的共通点。由此制作的心理名片,经过恰当的使用,对于人际交往处理和建立人际关系具有很大的实用价值。

名片效应给我们这样的启示:恰当地使用"心理名片",可以尽快促成人际关系的建立,但要使"心理名片"起到应有的作用,制作一张有效的"心理名片"。寻找时机,恰到好处地向对方"出示你的"心理名片",这样,你就可以达到目标。掌握"心理名片"的应用艺术,对于人际交往记忆处理人际关系具有很大的实用价值。

投射效应

"投射效应"即人往往善于用自己的想法,去推测别人的心思。我们在人际交往中,去认知和评价他人时,往往会根据自身的经历和对事物的感受来推测和判断他人。总有一个习惯性的思维觉得,自己对事物的主观认知即是他人的认知,而忽略了每个人对事物的看法和衡量标准都是独一无二的,因为每个人的经历都不尽相同。这就是心理学上的投射效应,主要是指人们在潜意识里总是喜欢预设他人与自己有某些相同的倾向和观点。这是一种以己度人的心理效应,是把自己的感情、意志等投射到他人身上的一种认知障碍。比如好胜心强的人,总以为他人也喜欢与人一争长短;而喜爱吃榴莲的人,也会觉得不喜欢榴莲的人简直不可思议。

投射效应给我们这样的启示:学会换位思考,是避免投射效应的有效方法,也能更容易与人交流和沟通,并达成共识。

视网膜效应

生活中大家可能都有过如下类似的经历,当自己花了很长时间深思熟虑买了一双鞋,正当我们沾沾自喜时,却突然发现,无论走到哪里都好像看到和自己"撞鞋"的人。又或者因为我们自己有的一种缺点,而发现其他人好像也都有这个缺点。这种现象在心理学上被称为"视网膜效应"。当我们自己拥有某件东西或某个特征时,我们就会比其他人更加注意别人是否和我们一样拥有这件东西或特征。生活好像一面镜子,你对它哭,它就对你哭;你对它笑,它就对你笑。

视网膜效应给我们这样的启示:一个人一定要养成欣赏自己与肯定自己的习惯。一个能看到自己优点的人,在视网膜效应的影响下,也会看到他人的可取之处。能用积极的态度看待周围的人,往往是良好人际关系的必备条件。

瓦拉赫效应

奥托·瓦拉赫是诺贝尔化学奖获得者,他的成功过程极富传奇色彩。瓦拉赫在开始读中学时,父母为他选择了一条文学之路,一学期下来,老师写下了这样的评语:瓦拉赫很用功,但过分拘泥,难以造就文学之材。

于是父母让他改学油画,可瓦拉赫不善于构图和润色,成绩全班倒数第一。面对如此"笨拙"的学生,大部分老师认为他成才无望。只有化学老师认为他做事一丝不苟,具备做好化学实验的素质,建议他学化学。瓦拉赫智慧的火花一下子被点燃了,最终获得了巨大的成就。

瓦拉赫的成功说明了这样一个道理:每个人都是天才,只要找到自己最擅长的出发点。学生的智能发展是不均衡的,只有找到了发挥自身智慧的最佳点,使智能得到充分施展,便可取得惊人的成绩。

青蛙效应

"青蛙效应"源自 19 世纪末,美国康奈尔大学曾进行过一次著名的"青蛙试验":他们将一只青蛙放在煮沸的大锅里,青蛙触电般地立即蹿了出去。后来,人们又把它放在一个装满凉水的大锅里,任其自由游动。然后用小火慢慢加热,青蛙虽然可以感觉到外界温度的变化,却因惰性而没有立即往外跳,直到后来热度难忍而失去逃生能力而被煮熟。

青蛙效应强调的是"生于忧患,死于安乐"的道理。人天生就是有惰性的,总愿意安于现状,不到迫不得已不愿意去改变已有的生活。若一个人久久沉迷于这种无变化、安逸的生活时,就往往忽略了周遭环境等的变化,当危机到来时就像那青蛙一样只能坐以待毙。

木桶效应

"木桶效应"是美国管理学家彼得提出的。木桶效应是指一只木桶如果想盛满水,必须每块木板都一样平齐且无破损,如果这只桶的木板中有一块不齐或者某块木板下面有破洞,这只桶就无法盛满水。

木桶效应给我们这样的启示:一只水桶能盛多少水,并不取决于最长的那块木板,而是取决于最短的那块木板。因此"木桶效应"也称为"短板效应"。

莲花效应

周敦颐在《爱莲说》中称赞莲花"出淤泥而不染",这正是大自然中神奇的地方。后来科学家进一步地研究了其构造及原因,并取名为莲花效应。

莲花效应主要是指莲叶表面具有超疏水(Auperhy Drophobicity)以及自洁(Self-cleaning)的特性。20 世纪 70 年代,波恩大学的植物学家巴特洛特在研究植物叶子表面时发现,光滑的叶子表面有灰尘,要先清洗才能在显微镜下观察,而莲叶等可以防水的叶子表面却总是干干净净。他们发现,莲叶表面的特殊结构有自我清洁功能。莲花出淤泥而不染,自古以来就被人们认为是纯洁的象征,所以这一自我清洁功能又被称为"莲花效应"。

莲花效应给我们这样的启示:我们要学习莲花的自洁功能,无论世界多么肮脏,环境多么恶劣,我们都要出淤泥而不染,一个高尚的人应该如此。

蝴蝶效应

蝴蝶效应(The Butterfly Effect)是指在一个动力系统中,初始条件下微小的变化能带动整个系统的长期且巨大的连锁反应。这是一种混沌现象。蝴蝶在热带轻轻扇动一下翅膀，遥远的国家就可能发生一场飓风！蝴蝶效应通常用于天气、股票市场等在一定时段难于预测的比较复杂的系统中。

蝴蝶效应给我们这样的启示：事物发展的结果，对初始条件具有极为敏感的依赖性，初始条件的极小偏差，将会引起结果的极大差异。

围城效应

围城效应（Besieged City Effect）源于钱钟书先生的作品《围城》：婚姻就像一座围城，城外的人拼命想冲进来，城内的人拼命想冲出去。城外的人远远望城内，城内烟雾弥漫，被一种神秘笼罩，想象中是祥云冉冉，仙乐飘飘，花香鸟语，流水青松，风景无限，欣赏风景必须千方百计冲进城内；而城内的人却认为熟悉的地方是没有风景的，梅花香在城外的小道旁，痛苦时只有到城外掬一捧清泉才能洗去忧伤，要看日出日落也只有登上城外的山峰。

围城效应给我们这样的启示：不要急于得到，也不要急于逃避。没有必要与别人攀比。一定要搞清楚自己需要什么，很多东西没有我们想象的那么美好，尽量消除不切实际的幻想。

多米诺骨牌效应

在一个相互联系的系统中，一个很小的初始能量就可能产生一连串的连锁反应，人们就把它们称为"多米诺骨牌效应"（Domino Effect）或"多米诺效应"。

多米诺骨牌（Domino）是一种用木制或塑料制成的长方形骨牌。玩时将骨牌按一定间距排列成行，轻轻碰倒第一枚骨牌，其余的骨牌就会产生连锁反应，依次倒下形成多米诺骨牌效应。

多米诺骨牌是一种游戏,多米诺骨牌是一种运动,多米诺骨牌还是一种文化。它的尺寸、质量标准依据多米诺古牌运动规则制成,适用于专业比赛。它的游戏规则非常简单,将骨牌按一定间距排成单行,或分行排成一片。推倒第一张骨牌,其余发生连锁反应依次倒下,或形成一条长龙,或形成一幅图案,骨牌撞击之声,清脆悦耳;骨牌倒下之时,变化万千。除了可码放单线、多线、文字等各式各样的多米诺造型外,还可充做积木,搭房子,盖牌楼、制成各种各样的拼图。

多米诺骨牌效应告诉大家:抓住好的机会,一气呵成;顶住坏势头,千万不要放弃。因为在一个存在内部联系的体系中,一个很小的初始能量就可能导致一连串的连锁反应。一个最小的力量能够引起的或许只是察觉不到的渐变,但是它所引发的却可能是翻天覆地的变化。这有点类似于蝴蝶效应,但是比蝴蝶效应更注重过程的发展与变化。

多米诺骨牌效应对企业管理的启示:研究高级人才的流失对于一企业长期的战略发展有着极其重要的意义,困扰当前企业的一大难题就是人才的流失,尤其是高新技术企业对人才的依赖性越来越强。随着改革开放,国外的资金进入中国市场,许多企业的人才向外资企业流失,而现代企业的竞争主要取决于人才的竞争,这样就给当前企业的人力资源管理工作带来了难题,有的企业在招聘员工时打出了"只招有用人才,不要高级人才"的口号,但这并不能制止人才的流失,往往是在单位的熟练工作人员,在别人的带动下,集体出走,或是在一部分人的带动下,分批从企业离开,这一点就是我们经常所说的"多米诺骨牌效应"。

帕金森定律

英国著名历史学家诺斯古德·帕金森通过长期调查研究,写出一本名为《帕金森定律》的书。他在书中阐述了机构人员膨胀的原因及后果:一个不称职的官员,可能有 3 条出路,第一是申请退职,把位子让给能干的人;第二是让一位能干的人来协助自己工作;第三是任用两个水平比自己更低的人当助手。

第一条路是万万走不得的,因为那样会丧失许多权利;第二条路也不能走,因为那个能干的人会成为自己的对手;看来只有第三条路最适宜。于是,两个平庸的助手分担了他的工作,他自己则高高在上发号施令,他们不会对自己的权利构成威胁。两个助手既然无能,他们就上行下效,再为自己找两个更加无能的助手。依此类推,就形成了一个机构臃肿,人浮于事,相互扯皮,效率低下的领导体系。

帕金森定律深刻地揭示了行政权力扩张引发的人浮于事、效率低下的"官场传染病"。帕金森定律说明这样一个道理:不称职的行政首长一旦占据领导岗位,庞杂的机构和过多的冗杂便不可避免,庸人占据着高位的现象也不可避免,整个行政管理系统就会形成恶性膨胀,陷入难以自拔的泥潭。

吉格勒定理

美国伯利恒钢铁公司的创建者齐瓦勃出生在乡村,所受的教育水平也很低。18 岁那年,齐瓦勃到钢铁大王卡内基所属的一个建筑工地打工。一踏进建筑工地,齐瓦勃就抱定了要做同事中最优秀的人的决心。

晚上同伴们都在闲聊时,他独自躲在角落看书。面对经理的疑惑和同伴们的挖苦,他坚信公司缺少的不是基础打工者,而是管理者和技术人员;自己也不光是替老板打工赚钱,更是为了自己的梦想和远大前途努力。

抱着这样的信念,齐瓦勃平步青云,最后被卡内基任命为钢铁公司的董事长,最终自己也建立了伯利恒钢铁公司,创下非凡业绩。

吉格勒定理给我们这样的启示:设定高目标,等于达到了目标的一部分。如果从一开始心中就怀有高远的目标,就会呈现出与众不同的眼界,逐渐形成良好的工作习惯和方法,让每一步都朝着正确的方向前进。

德曼定理

在一些商业活动中,适时沉默也是一项有效的沟通技巧。一位厂长打算低价处理厂里的一批旧机器,他估算的最低价格为 50 万美元。谈判中,一位买主针对这批机器的缺陷,滔滔不绝地抱怨了很久,说它们早就被淘汰了,品相也不好,根本值不了多少钱。厂长一言不发,耐心地听着对方的抱怨。最后,那位买主再也找不到用以指责的言辞了,突然蹦出一句:"这批机器我最多只能给你 80 万美元,再多的话,我可真不要了。"厂长大喜,当即与他拍板成交。这位善于沉默的厂长,一句话没说便轻而易举地多赚了 30 万美元。最有价值的人,不一定是最能说的人。

德曼定理给我们这样的启示:有时沉默,便是最好的沟通,善于倾听,才是成熟的人最基本的素质。当你能够心领神会的时候,沉默便胜过千言万语。

鸟笼逻辑

鸟笼逻辑被认为是人类无法抗拒的 10 种心理之一,是由一个心理学故事引出的效应。

鸟笼逻辑源于一个故事。甲对乙说:"如果我送你一只鸟笼,并且挂在你家中最显眼的地方,我保证你过不了多久就会去买一只鸟回来。"乙不以为然地说:"养只鸟多麻烦啊,我是不会去做这种傻事的。"于是,甲就去买了一只漂亮的鸟笼挂在乙的家中。接下来,只要有人看见那只鸟笼,就会问乙:"你的鸟什么时候死的,为什么死了啊?"不管乙怎么解释,客人还是很奇怪,如果不养鸟,挂个鸟笼干什么。最后人们开始怀疑乙的脑子是不是出了问题,乙只好去买了一只鸟放进鸟笼里,这样比无休止地向大家解释要简单得多。

这个故事告诉我们:挂一只漂亮的鸟笼在房间里最显眼的地方,过不了几天,主人一定会做出下面两个选择之一:把鸟笼扔掉,或者买一只鸟回来放在鸟笼里。这就是鸟笼逻辑。

鸟笼逻辑的原因很简单,人们绝大部分的时候是采取惯性思维。并不一定每一只漂亮的鸟笼里都应该装上一只鸟,但可惜的是人们总是逃不出这个逻辑的局限。所以可见在生活和工作中培养逻辑思维是多么重要。海阔凭鱼跃,天高任鸟飞。不要限制自己的思维,更不要在传统目光的审视下止步不前。敢于挂出一只空鸟笼并能够自然地坚持下去的人,才是有创见、有魄力、有主张的人。

鸟笼逻辑给我们这样的启示:突破惯性思维,才能获得进步,我们应该少用"鸟笼逻辑"去推断别人,也不要使自己陷于"鸟笼逻辑"中,成为一个墨守成规、顽固不化的人。

习得性无助效应

习得性无助效应最早由奥弗米尔和西里格曼发现,后来在动物和人类研究中被广泛探讨。简单地说,很多实验表明,经过训练,狗可以越过屏障或从事其他的行为来逃避实验者加于它的电击。

但是,如果狗以前受到不可预期(不知道什么时候到来)且不可控制的电击(如电击的中断与否不依赖于狗的行为),当狗后来有机会逃离电击时,它们也变得无力逃离。而且,狗还表现出其他方面的缺陷,如感到沮丧和压抑、主动性降低等。狗之所以表现出这种状况,是由于在实验的早期学到了一种无助感。也就是说,它们认识到自己无论做什么都不能控制电击的终止。在每次实验中,电击终止都是在实验者掌控之下的,而狗会认识到自己没有能力改变这种外界的控制,从而学到了一种无助感。人如果产生了习得性无助,就成了一种深深的绝望和悲哀。

习得性无助效应给我们这样的启示:我们在学习和生活中应把自己的眼光放开阔一点,看到事件背后的真正的决定因素,不要使我们自己陷入绝望。

证人的记忆

证人,在我们的认识里,通常都是提供一些客观的证据的人,就是把自己亲眼看到、亲耳听到的东西如实地讲出来的人。然而,心理学研究证明,很多证人提供的证词都不太准确,或者说是具有个人倾向性,带着个人的观点和意识。

证人对他们证词的信心并不能决定他们证词的准确性,这一研究结果令人感到惊讶。心理学家珀费可特和豪林斯决定对这一结论进行更深入的研究。为了考察证人的证词是否有特别的东西,他们将证人的记忆与对一般知识的记忆进行了比较。

他们让被试者看一个简短的录象,是关于一个女孩被绑架的案件。第二天,让被试者回答一些有关录象里内容的问题,并要求他们说出对自己回答的信心程度,然后做再认记忆测验。接下来,使用同样的方法,内容是从百科全书和通俗读物中选出的一般知识问题。

和以前发生的一样,珀费可特和豪林斯也发现,在证人回忆的精确性上,那些对自己的回答信心十足的人实际上并不比那些没信心的人更高明,但对于一般知识来说,情况就不是这样,信心高的人回忆成绩比信心不足的人好得多。

人们对于自己在一般知识上的优势与弱势有自知之明,因此,倾向于修改他们对信心量表的测验结果。一般知识是一个数据库,在个体之间是共享的,它有公认的正确答案,被试者可以自己去衡量。例如,人们会知道自己在体育问题上是否比别人更好或更差一点。但是,目击的事件不受这种自知之明的影响。例如,从总体上讲,他们不大可能知道自己比别人在记忆事件中的参与者头发颜色方面更好或更差。

"证人的记忆"给我们这样的启示:对于相同的事情,每个人或许都有属于自己的特殊观察角度,也就是说,每一个人对于事情的看法都带有明显的个人风格,而如果我们想更加清楚地了解一件事情的本质,单从一个角度是远远不够的,我们需要从不同角度去了解判断,只有这样我们才有可能接近事实本身。

虚假同感偏差

虚假同感偏差(False Consensus Bias),又称为"虚假一致性偏差",指的是人们常常高估或夸大自己的信念、判断及行为的普遍性,它是人们坚信自己信念、判断正确性的一种方式。当遇到与此相冲突的信息时,这种偏差使人坚持自己的社会知觉。人们在认知他人时总好把自己的特性赋予他人身上,假定自己与他人是相同的,例如自己疑心重重,也认为他人疑心重重;自己好交际也认为别人好交际。

例如,和几个朋友一起吃火锅,一个朋友喜欢吃鱼丸,就点了两盘。可是,饭局结束的时候,那两盘鱼丸似乎没有怎么吃,有朋友问"你点的鱼丸,你怎么没有吃多少啊?"那位朋友不好意思地说:"我今天胃不太舒服,我觉得鱼丸很好吃,是给你们点的。"大伙儿不置可否。

我们通常都会相信,我们的爱好与大多数人是一样的。如果你喜欢玩电脑游戏,那么就有可能高估喜欢电脑游戏的人数。你也通常会高估给自己喜欢的同学投票的人数,高估自己在群体中的威信与领导能力等。你的这种高估与你的行为及态度有相同特点的人数的倾向性就称为"虚假同感偏差"。以下因素会影响你的这种虚假同感偏差强度:当外部的归因强于内部归因时;当前的行为或事件对某人非常重要时;当你对自己的观点非常确定或坚信时;当你的地位或正常生活和学习受到某种威胁时;当涉及某种积极的品质或个性时;当你将其他人看成与自己是相似时。

虚假同感偏差给我们这样的启示:人们总是无意间夸大自己意见的普遍性,甚至把自己的特性也赋予他人身上,假定自己与他人是相同的,自己有疑心,就认为社会上的人都是疑心重重;自己好交际也认为别人好交际。这种虚假同感偏差使你通过坚信自己信念和判断的正确性,获得了自尊和自豪感,但同时也给你带来了决策和选择的错误。

征兵广告效应

在美国有一则征兵广告既幽默又智慧。其内容如下:来当兵吧! 当兵其实并不可怕。应征入伍后你无非有两种可能:有战争或没战争,没战争有啥可怕的? 有战争后又有两种可能:上前线或者不上前线,不上前线有啥可怕的?

上前线又有两种可能:受伤或者不受伤,不受伤又有啥可怕的? 受伤后又有两种可能:轻伤和重伤,轻伤有啥可怕的? 重伤后又有两种可能:可治好和治不好,可治好有啥可怕的? 治不好更不可怕,因为你已经死了。

征兵广告效应给我们这样的启示:做最坏的打算,做最好的准备。当人们有了接受最坏的思想准备之后,就有利于应对和改善可能发生的情况。或者说,当人们冷静地面对可能发生的最坏情况之后,反倒有利于用积极的态度促使最坏的情况向好的方面转化。

附　录

附录一　高职院校女大学生创业能力调查问卷

亲爱的同学：

　　您好！为了解在校女大学生对创业教育、创业能力培养等的认识与理解，并为政府相关部门提供参考，我们开展了此项调研。您的回答非常重要，请您认真如实填写，涉及隐私我们会做相应的保密。

　　调查不记姓名，问题的回答无对错之分，请将符合您实际情况或想法的选项番号填写在括号里。谢谢您的参与和支持！

　　　　　　　　　　《高职院校女大学生创业能力培养》课题组

一、高职院校女大学生创业的基本情况调查

1. 您对有创业的愿望吗？（　　　　）

　A. 有　　　　　　　　　　B. 没有

2. 您参加过创业方面的培训或讲座几次？（　　　　　）

　A. 0次　　　B. 1~2次　　　C. 3~5次　　　D. 5次以上

3. 您对国家出台的扶持大学生自主创业的相关政策、法规知晓程度如何？（   ）
    A. 经常关注,很清楚   B. 偶尔关注,比较清楚
    C. 不太愿意主动去了解知晓   D. 一点也不知道

4. 您最希望毕业后的去向是哪里？（   ）
    A. 继续深造   B. 到国企工作
    C. 到外企工作   D. 到私企工作
    E. 考公务员或事业单位,进入政府机关部门
    F. 自主创业,发展自己的事业
    G. 其他

5. 您认为当前女大学生创业的兴趣和态度如何？（   ）
    A. 感兴趣,并愿意尝试   B. 感兴趣,但不愿尝试
    C. 不感兴趣   D. 反对

6. 你认为女大学生创业的目的是什么？（   ）（可多选）
    A. 想自己当老板,不想为别人打工
    B. 实现自我价值
    C. 找不到更好的工作只有创业
    D. 积累社会经验,服务社会
    E. 赚更多钱,创造更多物资财富
    F. 其他

7. 您认为女大学生创业相对于社会其他阶层的优势在哪里？
    （   ）（可多选）
    A. 年轻有活力,勇于拼搏   B. 专业素质较高
    C. 学习能力强,有创新精神   D. 具有更多的信息渠道
    E. 其他

8. 您认为目前女大学生创业的障碍有哪些？（   ）（可多选）

A. 性别歧视

B. 面对风险心理承受能力不足

C. 资金不足

D. 不了解相关创业政策

E. 经验不足、缺乏社会资源或人脉

F. 缺乏合适的创业项目

G. 创业环境差,缺少扶持和保障

H. 家人反对

9. 您认为学校应该采取何种措施鼓励大学生创业?(   )(可多选)

A. 学校提供配套资金

B. 纳入大学科技园区提供场所、实验设备等环境和服务

C. 将创业课程纳入必修课

D. 与当地政府相关部门为创业搭建平台

E. 其他

二、高职院校女大学生创业能力情况调查

1. 您知道什么是大学生创业能力吗?(   )

A. 不知道   B. 知道

2. 您认为当前女大学生的创业能力强吗?(   )

A. 强   B. 较强   C. 强   D. 不强

3. 您认为自己的创业能力怎样?

A. 很强   B. 强   C. 一般   D. 较弱

4. 您认为与普通同学相比,学生干部的创业能力是否会更强一些?(   )

A. 会   B. 不会   C. 不一定   D. 不知道

5. 你认为影响当前女大学生创业能力的主要因素有哪些?

(　　)（可多选）

A. 传统观念的束缚　　　　　B. 自身综合素质不高

C. 创业知识和专业技能欠缺　D. 创业经验不足

E. 融资困难　　　　　　　　F. 政府的支持力度不够

G. 其他

6. 如果您想提高创业能力,您希望得到学校以及政府的哪些支持?

_____

_____

_____

附录二　高职院校女大学生创业能力调查报告

一、高职院校女大学生创业的基本情况调查

第1题　您有创业的愿望吗?(　　　)　　　[单选题]

选 项	小计	比 例	
A. 有	285		82.37%
B. 没有	61		17.63%
本题有效填写人次	346		

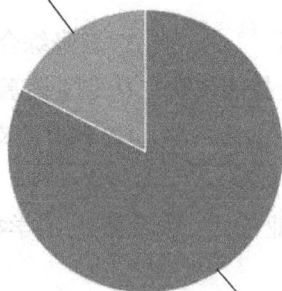

B.没有：17.63%

A.有：82.37%

第2题 您参加过创业方面的培训或讲座几次？（   ）

[单选题]

选　项	小计	比　例
A.0 次	77	22.25%
B.1~2 次	208	60.12%
C.3~5 次	49	14.16%
D.5 次以上	12	3.47%
本题有效填写人次	346	

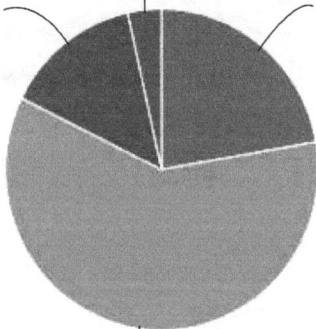

D.5次以上：3.47%

C.3~5次：14.16%

A.0次：22.25%

B.1~2次：60.12%

第 3 题　您对国家出台的扶持大学生自主创业的相关政策、法规知晓程度如何？（　　　）　　　[单选题]

选　项	小计	比　例	
A.经常关注,很清楚	21		6.07%
B.偶尔关注,比较清楚	157		45.38%
C.不太愿意主动去了解知晓	123		35.55%
D.一点也不知道	45		13.00%
本题有效填写人次	346		

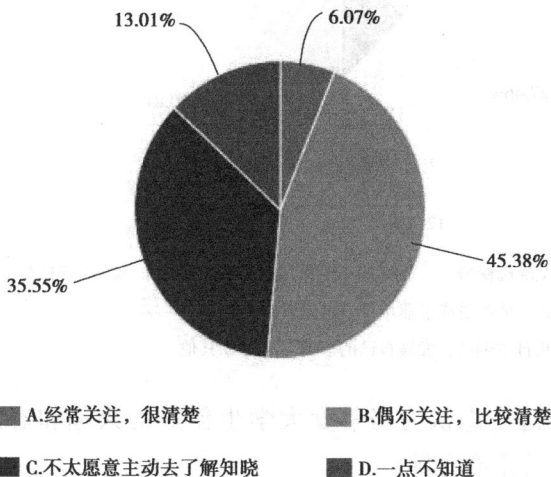

第 4 题　您最希望毕业后的去向是哪里？（　　　　　）
[单选题]

选　项	小计	比　例	
A.继续深造	57		16.47%
B.到国企工作	72		20.81%

C. 到外企工作	22	6.36%
D. 到私企工作	13	3.75%
E. 考公务员或事业单位，进入政府机关部门	44	12.72%
F. 自主创业，发展自己的事业	95	27.46%
G. 其他	43	12.43%
本题有效填写人次	346	

12.43%　16.47%　20.81%　6.36%　3.76%　12.72%　27.46%

■ A.继续深造　■ B.到国企工作　■ C.到外企工作　■ D.到私企工作
■ E.考公务员或事业单位，进入政府机关部门
■ F.自主创业，发展自己的事业　■ G.其他

第 5 题　您认为当前女大学生创业的兴趣和态度如何?
(　　　)[单选题]

选　项	小计	比　例
A. 感兴趣，并愿意尝试	168	48.55%
B. 感兴趣，但不愿尝试	160	46.24%
C. 不感兴趣	17	4.92%
D. 反对	1	0.29%
本题有效填写人次	346	

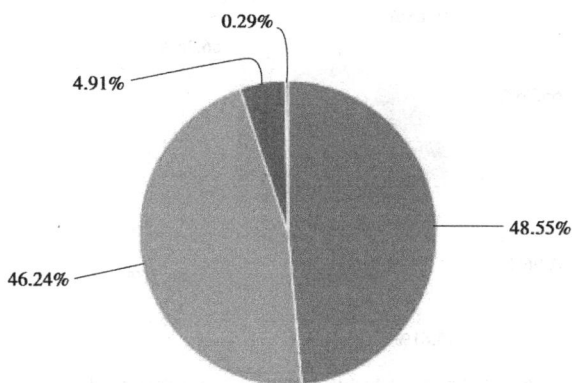

A.感兴趣，并愿意尝试　　B.感兴趣，但不愿尝试　　C.不感兴趣　　D.反对

第6题　你认为女大学生创业的目的是什么？（　　　　　）
［多选题］

选　项	小计	比　例
A. 想自己当老板， 不想为别人打工	231	⟩66.76%
B. 实现自我价值	300	⟩86.71%
C. 找不到更好的 工作，只有创业	54	⟩15.61%
D. 积累社会经验， 服务社会	204	⟩58.96%
E. 赚更多钱，创造 更多物质财富	231	⟩66.76%
F. 其他	68	⟩19.65%
本题有效填写人次	346	

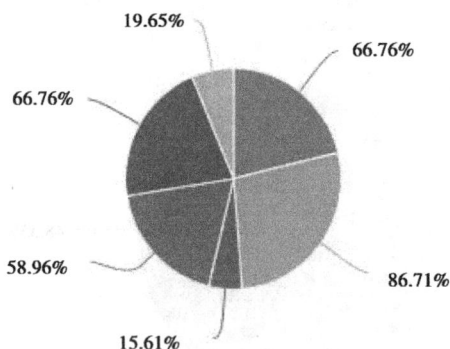

19.65%

66.76%

66.76%

58.96%

86.71%

15.61%

■ A.想自己当老板，不想为别人打工　　■ B.实现自我价值

■ C.找不到更好的工作，只有创业　　■ D.积累社会经验,服务社会

■ E.赚更多钱，创造更多物质财富　　■ F.其他

第7题　您认为女大学生创业相对于社会其他阶层的优势在哪里?(　　)[多选题]

选　项	小计	比　例
A.年轻有活力,勇于拼搏	316	91.33%
B.专业素质较高	217	62.72%
C.学习能力强,有创新精神	303	87.57%
D.具有更多的信息渠道	169	48.84%
E.其他	79	22.83%
本题有效填写人次	346	

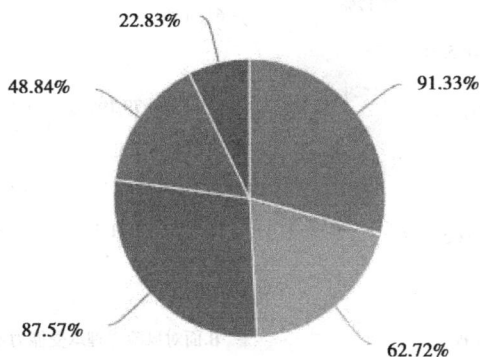

22.83% 91.33%
48.84%
87.57% 62.72%

■ A.年轻有活力，勇于拼搏　■ B.专业素质较高　■ C.学习能力强，有创新精神
■ D.具有更多的信息渠道　■ E 其他

第 8 题　您认为目前女大学生创业的障碍有哪些?（　　）
［多选题］

选　项	小计	比　例
A. 性别歧视	213	61.56%
B. 面对风险心理承受能力不足	274	79.19%
C. 资金不足	281	81.21%
D. 不了解相关创业政策	201	58.09%
E. 经验不足，缺乏社会资源或人脉	308	89.02%
F. 缺乏合适的创业项目	211	60.98%
G. 创业环境差，缺少扶持和保障	168	48.55%
H. 家人反对	94	27.17%
本题有效填写人次	346	

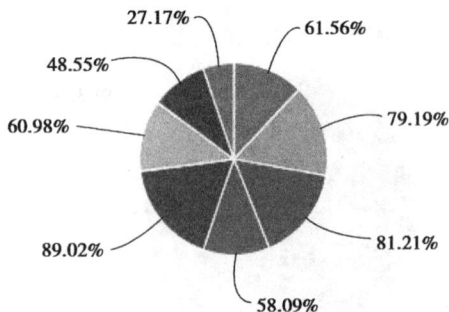

27.17%
61.56%
48.55%
60.98%
79.19%
89.02%
81.21%
58.09%

- A.性别歧视
- B.面对风险心理承受能力不足
- C.资金不足
- D.不了解相关创业政策
- E.经验不足、缺乏社会资源或人脉
- F.缺乏合适的创业项目
- G.创业环境差、缺少扶持和保障
- H.家人反对

第9题　您认为学校应该采取何种措施鼓励大学生创业?（　　）[多选题]

选　项	小计	比　例
A.学校提供配套资金	231	66.76%
B.纳入大学科技园区提供场所、实验设备等环境和服务	270	78.03%
C.将创业课程纳入必修课	204	58.96%
D.与当地政府相关部门联合为创业搭建平台	284	82.08%
E.其他	77	22.25%
本题有效填写人次	346	

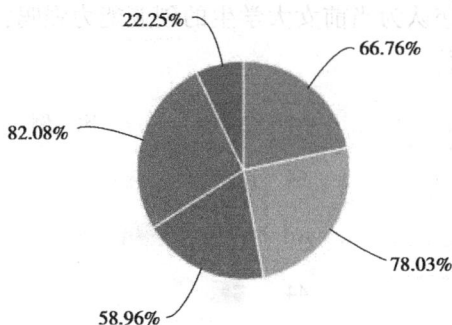

22.25% 66.76%

82.08%

78.03%

58.96%

■A.学校提供配套资金　　■B.纳入大学科技园区提供场所、实验设备等环境和服务

■C.将创业课程纳入必修课　■D.与当地政府相关部门联合为创业搭建平台　■E.其他

二、高职院校女大学生创业能力情况调查

第1题　您知道什么是大学生创业能力吗？（　　　）

[单选题]

选　项	小计	比　例
A. 不知道	188	54.34%
B. 知道	158	45.66%
本题有效填写人次	346	

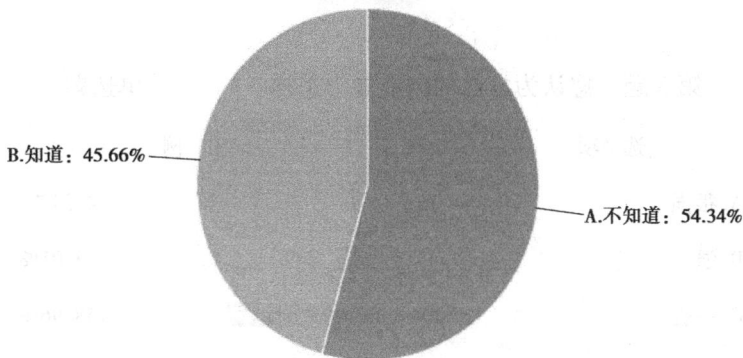

B.知道：45.66%

A.不知道：54.34%

第 2 题　您认为当前女大学生的创业能力强吗？（　　　　）
[单选题]

选　项	小计	比　例	
A. 非常强	34		9.83%
B. 较强	161		46.53%
C. 强	44		12.72%
D. 不强	107		30.92%
本题有效填写人次	346		

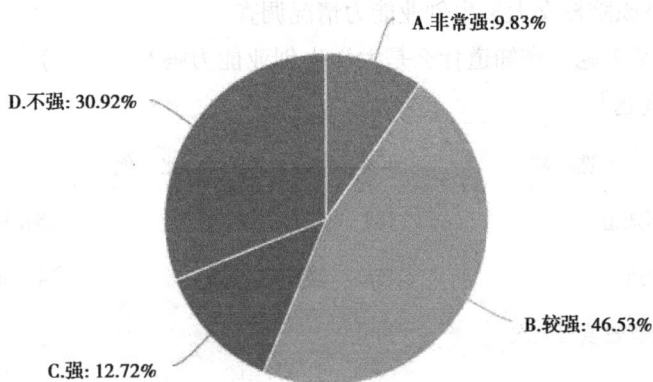

第 3 题　您认为自己的创业能力怎样？　　　　[单选题]

选　项	小计	比　例	
A. 很强	15		4.34%
B. 强	45		13.01%
C. 一般	204		58.96%

D. 较弱	82	）23.7%
本题有效填写人次	346	

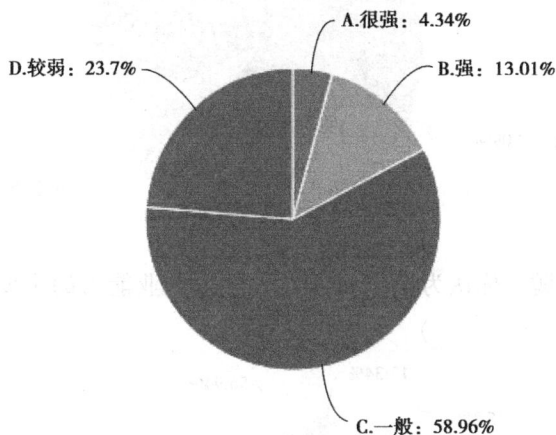

- A.很强：4.34%
- B.强：13.01%
- D.较弱：23.7%
- C.一般：58.96%

第4题　您认为与普通同学相比,学生干部的创业能力是否会更强一些?（　　）　　　[单选题]

选　项	小计	比　例
A. 会	111	）32.08%
B. 不会	25	）7.23%
C. 不一定	201	）58.09%
D. 不知道	9	）2.6%
本题有效填写人次	346	

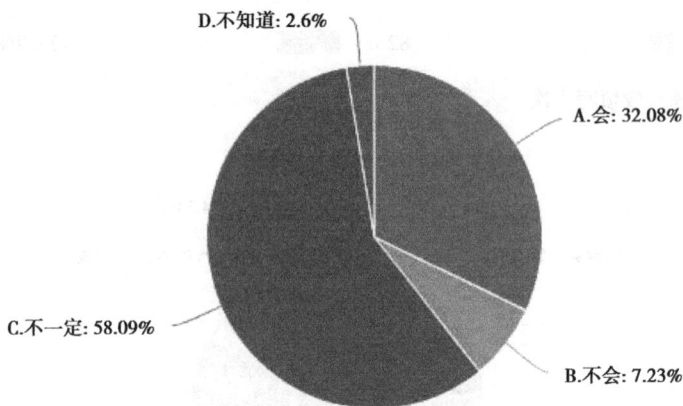

D.不知道: 2.6%

A.会: 32.08%

C.不一定: 58.09%

B.不会: 7.23%

第 5 题　你认为影响当前女大学生创业能力的主要因素有哪些?(　　　　　)　　　　[多选题]

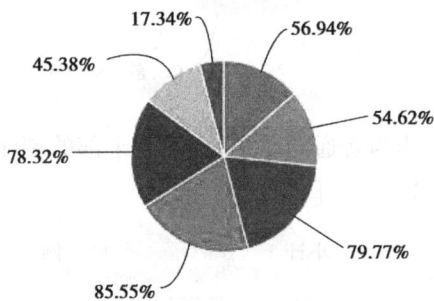

17.34%　　56.94%

45.38%

54.62%

78.32%

79.77%

85.55%

■A.传统观念的束缚　■B.自身综合素质不高　■C.创业知识和专业技能欠缺

■D.创业经验不足　■E.融资困难　▨F.政府的支持力度不够　■G.其他

附录三　高职院校女大学生创业者访谈提纲

1. 你在大学阶段有没有想过创业？如果有,你的创业动机是什么？

2. 你认为一个成功的创业者应该具备什么样的素质和能力？

3. 在创业过程中,你认为最关键的是什么？

4. 创业过程中,你最后悔的事情是什么？

5. 你觉得性格因素对创业有影响吗？创业最初,你认真想过你的性格适合创业吗？

6. 你认为创业的最佳年龄是多大？

7. 你认为创业失败是什么因素导致的？你如何克服创业中的困境,比如资金问题等。

8. 创业过程中制约自己发展的最大因素是什么？

9. 你觉得当前大学生创业最大的障碍是什么？

10. 大学生创业有哪些优势和劣势？

11. 你了解的国家支持大学生创业的优惠政策、法律法规都有哪些？

12. 创业前你有没有参加过创业大赛？如果参加过,是由什么机构主办的？创业大赛对你的创业有多大帮助,具体体现在哪些方面？

13. 你有没有参加过某种创业组织吗？如果有,它具体是做哪个方向的创业组织？

14. 创业之初,你想到的是自主创业还是与同学或朋友合伙创业？

15. 你有没有接受过学校、社会或政府组织实施的有针对性的创业培训及创业指导？如果有,这些培训由哪些机构或部门提供的？你参加过几次,持续时间多久？

16. 你有没有接受过学校或者政府提供的创业教育？

17. 你有没有接受过学校、社会机构或者政府提供的创业资金支持？如果有,这个资金由谁提供的？额度有多大？有没有什么具体的要求？

18. 你在创业初期或者创业过程中有没有得到父母、亲戚朋友的资金支持或鼓励、肯定？

19. 你创业的启动资金从哪儿来的？

20. 你认为合理的筹措资金渠道有哪些？

参考文献

一、论文

[1] 卞志平. 试论当代大学生创业能力的培育与提升[J]. 科技信息:学术研究,2007(34):191+193.

[2] 陈航. 女大学生对自主创业的认知和对策探究[J]. 黑河学刊,2014(2):114+153.

[3] 陈伟辉. 浅谈高职女生创业能力培养体系的构建[J]. 创新与创业教育,2012,3(6):68-69.

[4] 董美娟,陈航. 女大学生自主创业能力调查及培养策略研究[J]. 中国电力教育,2012(29):136-137.

[5] 段美,欢佩君,赵亮亮. 我国大学生创业能力培养模式及对策研究[J]. 广东青年干部学院学报,2010,24(3):53-59.

[6] 高桂娟,苏洋. 学校教育与大学生创业能力的关系研究[J]. 复旦教育论坛,2014,12(1):24-30.

[7] 高国武,王吟吟,叶明海,等. 大学生创业能力获取途径研究[J]. 经济论坛,2010(7):14-17.

[8] 郭崚. 浅谈管理类专业女大学生创业教育[J]. 咸宁学院学报,2011,31(10):190-191.

[9]高桂娟,韩德丽,苏洋.大学生创业能力状况的调查与分析——以上海高校为例[J].武汉理工大学学报:社会科学版,2013,26(5):818-823.

[10]黄励.思想政治教育视角下高校大学生创业能力培养[J].教育与职业,2013(30):108-110.

[11]蒋美华,陈玲.女大学生自主创业的个案研究——以郑州市某高校为例[J].郑州航空工业管理学院学报:社会科学版,2009,28(3):192-195.

[12]刘晓玲.女大学生就业现状分析及教育对策[J].职业技术教育,2013,34(20):72-75.

[13]罗建河.中外女性创业特性的比较与女大学生创业[J].黑龙江高教研究,2011(8):9-12.

[14]罗婕,张凯.高校大学生创业能力培养的师资队伍建设探讨——以旅游管理专业为例[J].旅游纵览(下半月),2013(2):154-155.

[15]罗竖元,刘卫星.什么创业教育能更有效提升大学生的创业能力?——基于贵州省调查数据的实证分析[J].教育学术月刊,2014(7):81-87.

[16]孙国翠.女性创业现状对女大学生就业指导的启示[J].中华女子学院山东分院学报,2009(6):55-58.

[17]汪玉敏,吴冬梅.高校大学生创业能力研究综述[J].中国电力教育,2013(34):40-41.

[18]王凤华.论女大学生职业能力建设[J].求索,2004(3):164-165.

[19]王静.高职院校女生创业教育体系的构建[J].中国职业技术教育,2010(12):82-84.

[20]王颖杰,于燕翔,李世栋.浅谈当前大学生创业能力的培养与

220

提升[J].出国与就业:就业版,2012(6):64-65.

[21]吴晓红,刘金升.大学生创业能力提升策略研究[J].黑龙江教育学院学报,2014,33(3):8-9.

[22]余长春,黄蕾,钟梅.大学生创业能力的培育路径:理论及实证分析[J].南昌航空大学学报:社会科学版,2012,14(1):90-95.

[23]俞晨越,顾希,俞静.在校女大学生创业调查及教育课程体系构建[J].全国商情(理论研究),2011(7):103-104.

[24]赵艳,李明,赵晓玲.地方应用型高校女大学生创业能力培育策略[J].绥化学院学报,2017,37(2):135-137.

[25]周游.高职院校女大学生就业能力的培养与提升[J].连云港职业技术学院学报,2012,25(3):64-66.

二、学位论文

[1]段美.大学生创业能力培养问题研究[D].天津:河北农业大学,2011.

[2]贺冬琴.思想政治教育视野下大学生创业能力培养研究[D].重庆:重庆工商大学,2017.

[3]解芳.协同学视角下大学生创业教育研究[D].保定:河北大学,2016.

[4]李圆.高校女大学生创业环境研究[D].天津:天津大学,2013.

[5]刘硕.高职院校学生创业能力培养研究[D].长沙:湖南师范大学,2011.

[6]袁慧君.女大学生创业教育研究——以Z大学为例[D].郑州:郑州大学,2017.

[7]张乔艳.女大学生创业能力及其培育策略研究[D].西安:西

北大学,2012.

[8]张夏蓉.大学生创业能力影响因素研究[D].杭州:江苏大学,2013.

[9]赵成志.天津市高校创业教育与大学生创业能力评价研究[D].天津:天津大学,2014.

三、著作

[1]薄赋徭,张强,段丽华,操江涛.创新创业基础[M].北京:高等教育出版社,2018.

[2]陈文华,陈占葵.大学生创业思维与能力训练教程[M].北京:现代教育出版社,2018.

[3]丛连钢,郑添华.高职大学生创业指导教程(实践案例篇)[M].重庆:重庆大学出版社,2013.

[4]关冬梅.创新创业管理技术读本[M].高等教育出版社,2017.

[5]蒋雯,张晓芳.创新创业实践与能力开发[M].上海:上海财经大学出版社,2017.

[6]李静,唐丽,徐颖.女大学生成长管理[M].重庆:重庆大学出版社,2017.

[7]浦卫忠,姜闽虹.大学生创业研究[M].北京:北京理工大学出版社,2012.

[8]孙德林,黄林.创业管理与技能[M].北京:经济管理出版社,2010.

[9]唐平,马智萍.高职大学生创业教育研究[M].北京:清华大学出版社,2016.

[10]王楠.我的梦想,我买单:"她时代"的女性创业必修课[M].北京:中国华侨出版社,2017.

[11]徐俊祥,兰华.大学生学业与职涯发展导航[M].北京:现代

教育出版社,2017.

[12]徐俊祥,徐焕然.创未来:大学生创业基础智能训练教程[M].2版.北京:现代教育出版社,2017.

[13]杨卫军.创新创业基础[M].北京:高等教育出版社,2018.

[14]伊芃芃.大学生就业与创业实训教程[M].北京:现代教育出版社,2018.

[15]由建勋.创新创业实务[M].北京:高等教育出版社,2016.

[16]张丽琍.女性创业学[M].北京:科学出版社,2016.

[17]张涛.创业管理[M].3版.北京:清华大学出版社,2016.

[18]张志宏,崔爱惠,刘轶群.大学生创新与创业训练教程[M].北京:现代教育出版社,2017.

[19]朱恒源,余佳.创业八讲[M].北京:机械工业出版社,2016.

后　记

　　本书是重庆市教育委员会人文社会科学研究专项项目"高职院校女大学生创业能力培养研究（16SKSZO64）"和"新时代高职学生党员质量提升机制研究（20SKDJ030）"的课题成果之一。由于编者水平有限，疏漏之处在所难免，敬请读者朋友、同行批评指正。

　　本书也是重庆城市管理职业学院李静工作室的研究成果。以上项目得到重庆市教委的资助，也得到相关高职院校的大力支持与帮助，本书在撰写过程中，参阅了大量的文献与著作，在此一并表示感谢！同时，对给予帮助的领导、同事和相关专家表示由衷的感谢！

编　者

2020 年 5 月 15 日